FALTENFREI IN 30 TAGEN

MARC MEINTRUP

FALTENFREI IN 30 TAGEN

DAS ANTI-FALTEN-PROGRAMM

- Gesichtsmuskeltraining in Schritt-für-Schritt-Übungen
- Neue Spannkraft für die Haut
- Entgiftung von innen
- Sanfte Kosmetik mit Naturprodukten

MIDENA

Die Deutsche Bibliothek – CIP-Einheitsaufnahme

Meintrup, Marc:

Faltenfrei in 30 Tagen : das Anti-Falten-Programm / Marc Meintrup. – Augsburg : Midena-Verl., 1997
ISBN 3-310-00182-2

MIDENA VERLAG, AUGSBURG
© 1997 Weltbild Verlag GmbH, Augsburg
Alle Rechte vorbehalten

Produktion: Hampp Verlag, Würzburg
Satz: pws Print und Werbeservice, Stuttgart
Fotos: © Studio Berg, La Verdiere/Frankreich u. Oslo/Norwegen
Umschlaggestaltung: Steinkaemper/Lohmann, Igling
Umschlagfotos: Stock Image/Bavaria
Druck und Bindung: Offizin Andersen Nexö, Leipzig –
ein Betrieb der INTERDRUCK Graphischer Großbetrieb GmbH

Gedruckt auf umweltfreundlich elementar chlorfrei gebleichtem Papier

Printed in Germany

ISBN 3-310-00182-2

INHALT

ORWORT

Nicht nur die Frau, auch der Mann von heute möchte faltenfrei sein. Falten-freiheit gilt als Symbol der Jugend.

Doch die Zeit bleibt nicht stehen. Die Hautalterung ist auf lange Sicht sicher nicht vermeidbar, aber erste Fältchen lassen sich hinauszögern. Sind sie bereits vorhanden, kann die Haut mit gezielten Übungen wieder gestrafft werden.

Rezepte gegen Falten aller Art, im Gesicht wie auch am Körper, finden sich im karibischen Raum: die über Jahrhunderte streng gehüteten Regeln der Gesichts-gymnastik samt spezieller Cremes der Mayatempeldienerinnen ebenso wie die für Frauen und Männer unterschiedlichen Methoden gegen Körperfalten der Indianer im heutigen New Mexiko.

Falten am Hals – so die offizielle Aussage europäischer Schönheitsexperten – lassen sich nur operativ entfernen. Ansonsten ist man dagegen machtlos. Das ist falsch, beweisen viele Kubanerinnen. Sie haben einige Rezepte für adstringierende Pflanzenkompressen, mit denen sie erfolgreich die Hautfalten bekämpfen können.

Alle Faltenbekämpfung bringt nichts, wenn die Hände das Alter verraten, be-haupten die Schönheitsprinzessinnen von Trinidad. Sie konzentrierten sich in der Faltenbekämpfung deshalb auf eine glatte und makellose Haut der Hände.

Heute sind die verschiedenen Antifalten-Programme der Karibik, die hier erst-mals in einem Buch zusammengefaßt werden, Behandlungsgrundlage vieler Schönheitsfarmen in diesem Raum. Mit den aufeinander aufbauenden Übungen ist nun jeder in der Lage, auch zu Hause sein individuelles Antifalten-Programm zusammenzustellen.

Die Systematik dieses Buches erfordert es, daß Sie zunächst die Antifalten-Übun-gen für das Gesicht, dann die Packungen für die Falten am Hals und Décolleté sowie gegen die Alterserscheinungen der Hände – und erst am Ende die Be-handlungen gegen die Körperfalten erlernen.

Gleichzeitig erfahren Sie die Rezepturen für die Hilfsstoffe, deren richtige Zu-bereitung ausführlich am Ende dieses Bandes beschrieben wird.

Danach ist es möglich, daß sich jeder Leser selbst sein individuelles Ganz-körper-Antifalten-Programm zusammenstellt, das Sie, etwa fünf Minuten täglich angewandt, für noch sehr viele Jahre jugendlich und frisch erscheinen läßt.

Puerto Plata, Januar 1996
Marc Meintrup

RUNDREGELN

Damit Ihr faltenfreies Gesicht nicht ein unerfüllter Wunschtraum bleibt, ist es notwendig, sich einige Regeln zu merken, die Sie sich immer wieder ins Gedächtnis zurückrufen sollten:

1. Nur ununterbrochenes Training bringt Erfolg. Eine Pause von vielleicht drei oder vier Tagen macht allen vorherigen Einsatz zunichte!

2. Üben Sie am besten stets zur gleichen Tageszeit.

3. Legen Sie sich den übungsfreien Wochentag so, daß er mit den Terminen Ihrer Familie – sofern Sie eine haben – zusammenpaßt.

4. Führen Sie niemals eine Übung aus, ohne die Haut nicht vorher mit den vorgeschlagenen Nährstoffen ausreichend versorgt zu haben, damit auch eine konstruktive, regenerative Wirkung eintrifft.

5. Die besten Erfolge gibt es für Sie, wenn Sie sowohl Ihren Körper innerlich, wie auch die Haut selbst äußerlich entgiften. Ansonsten geht ein Teil der Energie, die Sie der Regeneration der Haut widmen, schlicht für die Neutralisierung der Schäden verloren, die durch Umweltgifte entstehen.

6. Sie finden eine ausführliche Entgiftungsrezeptur für Haut und Körper im Anhang dieses Buches. Zwar sind diese Entgiftungsmethoden nicht unbedingt Bestandteil dieses Antifaltenkursus, aber unverzichtbarer Wellnessfaktor für Sie selbst und für ein optimales Ergebnis.

7. Ein wichtiger Hinweis: Widerstehen Sie grundsätzlich der Neigung, bei den Übungen den Atem anzuhalten. Dies zählt zu einem der häufigsten Fehler, die beim Antifaltenkurs gemacht werden. Atmen Sie vielmehr stets gleichmäßig und vor allem ruhig durch.

8. Keine Übung darf schnell verlaufen. Zeitlupentempo ist der richtige Rhythmus, in dem die Übungen »weich« und »entspannt« ablaufen müssen.

9. Konzentrieren Sie sich mental stets genau auf die Stelle Ihres Gesichts, mit der Sie gerade üben. Versuchen Sie »unter die Haut« zu denken, tiefenwirkend.

10. Sobald Sie die Übungen wirklich beherrschen – keinesfalls vorher – führen Sie diese mit aller Kraft durch.

11 Auch wenn Sie die Anweisungen später »auswendig« kennen, lesen Sie sie zur besseren mentalen Einstellung stets wieder Wort für Wort durch.

12 Führen Sie die Antifaltenübungen für das Gesicht mit der Stoppuhr aus! Falls Sie die Zeiten nicht einhalten, werden Sie an diese Anweisungen auf äußerst schmerzhafte Weise erinnert; zum Beispiel, wenn Sie den ersten Muskelkater in den Augenlidern verspüren. Wenigstens zwanzigtausend Mal bewegen Sie pro Tag Ihre Augen. Und zwanzigtausend Mal Schmerzen zu haben, ist bestimmt nicht das, was Sie sich wünschen, – sondern alle Anzeichen von Jugendlichkeit.

ZEITLOS SCHÖN: 20 ÜBUNGEN FÜR EIN FALTENFREIES GESICHT

Zahlreiche Wässerchen und Cremes versprechen heute die Erfüllung eines Wunschtraums: eine Haut, deren Alter nicht anzusehen ist. Was bleibt, ist nicht nur die Qual der Wahl. Es gehört auch ein klein wenig mehr dazu, als die einzelnen Präparate nur auf die Haut aufzutragen. Die Rezept-Mischung für eine glatte Haut und ein strahlendes Aussehen liefert die Karibik: spezielle Übungen in Kombination mit Nährstoffen aus der Natur.

Gesichtsfalten *Straffen und Glätten von Haut und Gewebe*

Kontrakraft *Widerstand gegen die Gesichtsmuskeln*

Augenringe und Tränensäcke *Ein trauriges Schau-Spiel*

Wundermittel *Gefährliche Versprechungen*

1. ÜBUNG

GEGEN EIN SCHLAFFES UNTERKINN

Die Übung ist für Frauen und Männer identisch

ZIEL DER ÜBUNG

Beseitigung der Falten unter dem Kinn, Verbesserung der vorderen Hautpartie – soweit sich dort durch Erschlaffung Querfalten eingegraben haben.

BENÖTIGTE NÄHRSTOFFE

Regenwasser, Rosenwasser oder Reinigungsmilch, Kartoffelpackung, Ausgleichsöl

REZEPTUR DER NÄHRSTOFFE

Nichts ist schonender für Ihre Haut als Regenwasser. Sie können es selbst auf dem Balkon oder im Garten in entsprechenden Gefäßen sammeln oder von einer Gärtnerei beziehen. Geeignete Sammelbehälter für das Regenwasser sind im Fachhandel erhältlich.

Rosenwasser läßt sich, sofern Sie die Kur in den Sommermonaten durchführen, spielend leicht selbst herstellen: Legen Sie die Blütenblätter einer Rose in ein verschlossenes Einmachglas, und stellen Sie das Glas in die Sonne. Physikalisch entsteht das Rosenwasser durch Kondensation. Abends läßt sich das über Tag entstandene Rosenwasser abgießen und sammeln.

Für die Kartoffelpackung reiben Sie eine rohe Kartoffel, vermischen die Masse mit einem Ei und rühren soviel Mehl unter, daß ein guter, streichbarer Brei entsteht. Der Kartoffelbrei sollte möglichst frisch sein und von daher höchstens fünf Minuten vor Beginn der Antifaltenübung hergestellt werden.

Die Herstellung des Ausgleichsöls ist ebenfalls denkbar einfach: Für seine Zubereitung benötigen Sie sieben verschiedene Öle, die Sie fünf Minuten lang miteinander verrühren müssen: 10 ml Mandelöl mit 1 ml Lavendelöl, 4 ml Patchouliöl, 3 ml Sandelholzöl, 4 ml Melissenöl, 3 ml Limonenöl und 15 ml Avocadoöl.

TIP

Wer sich die zeitraubende Prozedur ersparen möchte, kann in türkischen Läden meist preiswert Rosenwasser kaufen. In der türkischen Küche wird zum Kochen sehr häufig Rosenwasser benutzt; deshalb ist es dort ohne den Wucheraufschlag der Kosmetikindustrie erhältlich.

DIE ÜBUNG

Vergessen Sie nicht, daß Sie die besten Erfolge dann erzielen, wenn Sie vorher eine körperliche Entgiftung durchgeführt haben. Sie wird am Schluß dieses Buches ausführlich beschrieben. Optimal ist es, wenn Sie eine Woche lang, bevor Sie mit den Übungen anfangen, das Entgiftungsprogramm durchführen. Die betreffenden Hautpartien – also die untere Kinnpartie und der Halsansatz – werden vor der Übung mit dem Regenwasser gereinigt und mit der Kartoffelpackung bestrichen.

Warten Sie mit dem Beginn der Übung, bis die Kartoffelpackung angetrocknet ist, was nach etwa zwei Minuten der Fall sein sollte.

Der beste Ort für die einzelnen Übungen, nicht nur für diese, ist der Frisiertisch beziehungsweise vor einem großen Wandspiegel.

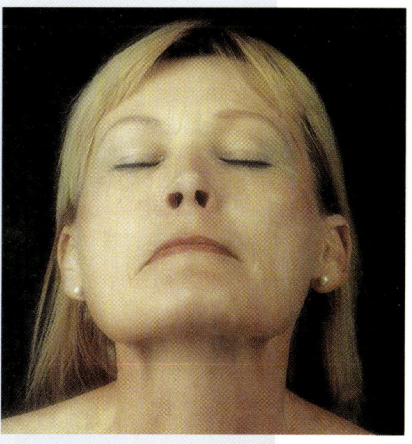

1 Setzen Sie sich dazu bewußt auf einen unbequemen Hocker ohne Rückenlehne.

2 Nehmen Sie eine aufrechte Haltung ein und drücken Sie Ihr Kreuz übertrieben durch. Strecken Sie den Oberkörper etwas nach vorn.

3 Recken Sie den Kopf hoch und gleichzeitig nach vorn, legen Sie ihn dabei etwas in den Nacken.

4 Schieben Sie Ihre Unterlippe über die Oberlippe. Stellen Sie sich dabei vor, Sie versuchten, Ihr Kinn bis an die Nase zu schieben. Zählen Sie bei dieser Übung langsam bis 15, also eine Viertelminute.

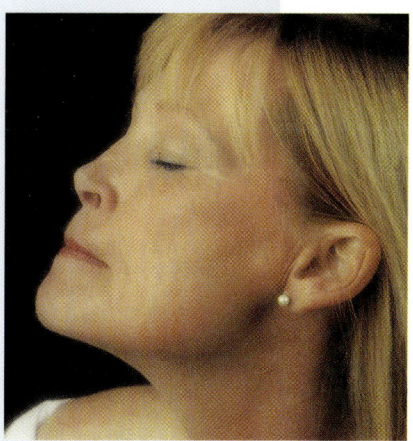

5 Ganz langsam nehmen Sie jetzt Ihre Unterlippe wieder zurück, senken den Kopf in seine natürliche Stellung und entspannen sich.

Diese 15sekündige Grundübung wird später zu Ihrer täglichen Gewohnheit.

Nach der Übung und wiederholten Reinigung des Halses mit Regenwasser wird das Rosenwasser aufgetragen. Nach fünf Minuten Einwirkzeit tragen Sie in kreisförmigen Bewegungen sanft das Ausgleichsöl auf.

Positive Nebenwirkungen dieser Übung:

Nach nur drei Wochen erhalten Sie eine »junge Kopfhaltung« zurück.

Es verschwindet nicht nur das häßliche und schlaffe Unterkinn, auch die Körperhaltung insgesamt verbessert sich. Selbst starke venöse Leiden werden gemildert. Insgesamt erscheint Ihre Gesamtausstrahlung positiver.

TIP

Übrigens, falls Sie den Warnungen vor einem Muskelkater im Gesicht keinen Glauben schenken, brauchen Sie sich nur bei dieser Übung unkorrekt zu verhalten, dann spüren Sie es schon . . .

Allerdings bildet sich das Doppelkinn wieder zurück, wenn diese Übung nicht fester, täglicher Programmteil Ihres Antifaltentrainings wird.

Erfolgreiche Kursteilnehmerinnen bestätigen immer wieder, daß diese Übung zur Gewohnheit wird, daß man sie praktisch unbewußt und »wie von selbst«, ganz wie einen Bestandteil der Körperpflege, ausführt. – Und dies zählt auch zum wichtigsten Merkmal aller Übungen in diesem Buch: Sie sollten zu einem Teil der Körperpflege werden, so unerläßlich wie das Waschen.

2. ÜBUNG

TRAINING DES AUGENRINGMUSKELS

Die Übung ist für Frauen und Männer identisch

ZIEL DER ÜBUNG

Verminderung der Augenfältchen

BENÖTIGTE NÄHRSTOFFE

Kakaobutter-Reinigungsmilch, Kornblumen-Creme, Vitamin-E-Öl

REZEPTUR DER NÄHRSTOFFE

Kakaobutter-Reinigungsmilch: Für die Fettphase 15 g Tegomulus und 90 g Mandelöl; für die Wasserphase 300 ml destilliertes Wasser. Fett- und Wasserphase getrennt auf 65 Grad im Wasserbad erwärmen, verrühren und auf 35 Grad abkühlen lassen, dann 5 g Kakaobutter unterrühren.

Kornblumen-Creme: Fettphase und Wasserphase wie bekannt verrühren, nach Abkühlung auf 35 Grad 10 ml Kornblumenwasser unterrühren. Benutzen Sie nur natürliches Vitamin-E-Öl, das in Apotheken erhältlich ist.

DIE ÜBUNG

1 Viele von Ihnen wissen vielleicht gar nicht, daß Sie Augenringmuskeln haben. Wenn Sie Ihre Augen ganz fest zusammenkneifen, so, als würden Sie sich vorstellen, damit durch Rauch und Feuer zu gehen, dann haben Sie Ihre Augenringmuskeln angespannt.

2 Genau das machen Sie, nachdem Sie die gesamte Gesichtspartie mit der Kakaobutter-Reinigungsmilch vorbehandelt und auf Ihre Augenringmuskeln die Kornblumen-Creme aufgetragen haben. Diese muß mindestens 15 Minuten einwirken, bevor Sie mit der Übung beginnen.

3 Halten Sie also nach der Einwirkzeit der Creme die Augenringmuskeln zehn Sekunden (nicht kürzer und nicht länger) fest geschlossen.

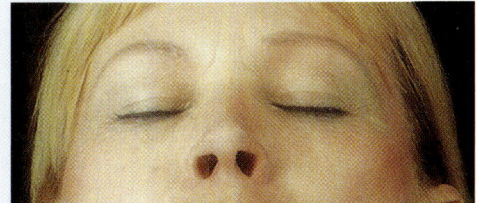

4 Die Creme wird danach nicht abgetragen, sondern das Vitamin-E-Öl im Anschluß an die Übung auf ihre Augenringmuskeln aufgetragen.

Übrigens, bereits jetzt, mit nur zwei Übungen, also noch bevor Sie den Antifaltenkurs gezielt richtig anwenden, werden Sie mittels der Produkte und des insgesamt 25 Sekunden dauernden Trainings schon hautglättende Resultate entdecken können.

3. ÜBUNG

TRAINING DES GESICHTSSCHWERPUNKTES

Dies ist die erste Übung, bei der die Zutaten der Nährstoffe und die Verfahrensweisen für Frauen und Männern unterschiedlich sind

ZIEL DER ÜBUNG

Mentale Festigung der Übungen. Bindegewebsstärkung

BENÖTIGTE NÄHRSTOFFE

Luffa-Schwamm, Kakaobutter-Reinigungsmilch, Taisoh-Creme, Ausgleichsöl

REZEPTUR DER NÄHRSTOFFE

Der Luffa-Schwamm ist in fast jeder Drogerie oder auf Wochenmärkten erhältlich. Die Rezeptur der Reinigungsmilch und des Ausgleichsöls entnehmen Sie den vorherigen Ausführungen. Für die Taisoh-Creme erwärmen Sie 20 g Tegomulus und 75 g Avocadoöl auf 65 Grad; ebenso 180 ml destilliertes Wasser, das Sie dann in die Masse einrühren. Lassen Sie alles auf 35 Grad abkühlen und rühren anschließend 100 ml Taisoh-Extrakt unter. Diese Creme, die in der Übung nur für das Gesicht benötigt wird, eignet sich ausgezeichnet für alle Körperteile, auf denen sich Bindegewebsschwächen bemerkbar machen.

Dazu eine Zwischenbemerkung: Der Aufbau des Bindegewebes bei Mann und Frau ist unterschiedlich. Bei Frauen verläuft es einschichtig, nur horizontal; beim Mann dagegen zweischichtig, sowohl horizontal wie auch vertikal. Deshalb ist das Bindegewebe des Mannes von Natur aus stärker und straffer als das der Frau. Am deutlichsten macht sich dies bei Venenleiden bemerkbar, die Frauen viel häufiger bekommen als Männer. Und natürlich bei Körperfalten, die nicht aus Übergewicht entstanden sind und zu denen Frauen ebenfalls stärker neigen als Männer.
Es existieren sehr viele Spekulationen, was gegen die Bindegewebsschwäche helfen soll. Die Kosmetikindustrie bietet beispielsweise unzählige teure Salben und Cremes als Wundermittel gegen Cellulite, der sogenannten Orangenhaut, an. Klinische Beweise für eine Wirkung bei Bindegewebsschwäche gibt es bislang aber nur für den Extrakt der Taisoh-Nuß, einem Hautpflegeprodukt der karibischen Eingeborenen.

DIE ÜBUNG

Reinigen Sie Ihr Gesicht mit der Körpermilch. Reiben Sie dann den Luffa-Schwamm kreisförmig sanft über die gesamten Gesichtspartien. Tragen Sie danach mit Ausnahme der Augenpartien die Taisoh-Creme auf, lassen diese fünf Minuten einwirken. Danach beginnt die Übung:

1 Lachen Sie, aber lautlos.

2 Empfinden Sie dabei bewußt, wie sich die oberen Wangenmuskeln in Richtung der Augenwinkel zusammenziehen.

3 Versuchen Sie diesen Zustand so lange wie möglich, nicht jedoch länger als 30 Sekunden anzuhalten. Lernen Sie dabei, daß Sie nicht nur den gesamten Muskel, sondern auch einzelne Segmente davon anspannen können.

Sobald Sie sich der Tatsache bewußt geworden sind, daß Sie praktisch nur mit »Teilen Ihres Gesichts« lachen können, es ganz bewußt bewegen können, ist der Sinn dieser Übung erreicht.

Aber, Sie müssen tatsächlich so lange üben, bis Sie sich Ihrer Sache sicher sind, damit es dann später im Verbund mit anderen Übungen sofort klappt.

Tragen Sie nach der Übung das Ausgleichsöl auf, ohne die Taisoh-Creme vorher abzutragen. Sie bleibt auf der Haut, dringt auch von selbst tief ein und nährt so die entsprechenden Zellen.

Vergessen Sie nicht, alle drei nun bekannten Übungen an diesem Tag nochmals mit allen Produkten durchzuführen. Damit die Produkte nicht so schnell verderben, empfiehlt es sich, sie im Kühlschrank zu lagern.

4. ÜBUNG

KRÄHENFUSS-PRESSUR

Die Übung ist für Frauen und Männer identisch

ZIEL DER ÜBUNG

Beseitigung der Krähenfüße seitlich der Augen

BENÖTIGTE NÄHRSTOFFE

Kakaobutter-Reinigungsmilch, Neroli-Creme, Ausgleichsöl

REZEPTUR DER NÄHRSTOFFE

Die Rezepturen der Kakaobutter-Reinigungsmilch und des Ausgleichsöls sind aus den vorherigen Übungen bekannt. Für die Neroli-Creme 10 g Tegomulus und 40 g Avocadoöl auf 65 Grad erhitzen und 200 g destilliertes Wasser einrühren, das ebenfalls eine Temperatur von 65 Grad haben muß. Ist die Masse auf 38 Grad abgekühlt, 8 ml Neroli-Öl und 10 Tropfen Aloe-Vera-Extrakt (10fach) unterrühren. Sie können diese Creme – wie alle in diesem Buch – entweder durch Orchideenessenzen (Conarom) für drei Jahre, oder mit Propolisessenz für sechs Monate haltbar machen. Beide Stoffe konservieren, ohne daß es sich negativ auf den Hauttugor auswirkt.

Nachdem Sie wie üblich Ihre Haut durch die Reinigungsmilch vorbereitet haben, tragen Sie die Neroli-Creme an den Stellen auf, an denen Krähenfüße bei Ihnen bereits entstanden sind und lassen sie sanft eintrocknen.

DIE ÜBUNG

1. Setzen Sie sich vor einen normalen Tisch, auf den Sie einen großen Spiegel gestellt haben.
2. Stützen Sie zunächst beide Ellenbogen auf.
3. Versuchen Sie, Ihr Gesicht zu entspannen und legen Sie dann sanft die jeweiligen unteren Ränder Ihrer Handteller (geöffnete Hände) gegen die Wangenknochen unter den Augen.
4. Drücken Sie die Handränder fester auf und verstärken langsam den Druck, bis es nicht mehr geht. Hände und Kopf bleiben dabei unbewegt, ansonsten würden Sie die Haut verzerren und die Übung wäre sofort ohne Erfolg!

5 Zählen Sie langsam bis zehn. Sie werden merken, daß dieser Druck für eine ganze Reihe von Gesichtsmuskeln sehr anstrengend ist. Da aber im Grunde genommen kein Gesichtsmuskel arbeitet, ist lediglich der Eindruck, der sich bemerkbar macht.

6 Lockern Sie schließlich sanft und langsam den Druck.

Diese Übung können Sie auch bei den seitlichen Knochen Ihrer Augenwinkel anwenden. Dies ist aber eine völlig eigenständige Übung, die Sie stets im Anschluß an die gerade geschilderte durchführen sollten.

KLEINE ZWISCHENBILANZ

Sie haben bislang vier normale und eine abgeleitete Übung erlernt, um Ihre Falten zu reduzieren. Und Sie können einige Antifalten-Produkte ohne Konservierungsstoffe selbst herstellen. Damit vermeiden Sie bereits viele Falten, die normale Kosmetikprodukte hervorrufen können.

Dann benutzen Sie einen Luffa-Schwamm, um Ihre Haut zu reinigen. Dafür ersparen Sie sich eine Peeling-Creme; und die vielen nur mit dem Mikroskop erkennbaren Hautverletzungen durch die scharfen Scheuerpartikel in diesen Cremes.

Solange Sie nicht Ihr eigenes, persönliches Antifaltenprogramm entwickelt haben, müssen Sie täglich alle Übungen durchexerzieren; also stets die bereits gelernten, dann immer die neue.

Dies behalten Sie bei, bis Sie alle Tagesübungen kennen; das heißt, bis Sie nicht nur Faltenübungen für das Gesicht, sondern auch die für Körper, Hals und Hände beherrschen. Nur dann kann Ihr persönliches Antifaltenprogramm ausgewogen und somit erfolgreich sein.

TIP

Falls Sie einmal der Mut verlassen haben sollte oder Sie gar ungeduldig werden, halten Sie eines vor Augen: Ihre Falten sind in einem Zeitraum von etwa zehn bis zwanzig Jahren, in vielen Fällen sogar in einem noch längeren Zeitraum, entstanden. Den Antifaltenkurs dieses Buches hat noch niemand gemacht, der nicht nach spätestens drei Monaten ein stark gestrafftes Gesicht und einen noch stärker gestrafften Körper hatte!

5. ÜBUNG

AUGEN-AUF-PRESSUR

Diese Übung wenden Männer doppelt so häufig an als Frauen

ZIEL DER ÜBUNG

Regeneration der Augenausstrahlung

BENÖTIGTE NÄHRSTOFFE

Regenwasser, Vitamin-B-Creme, Kakaobutter-Reinigungsmilch, Ausgleichsöl

REZEPTUR DER NÄHRSTOFFE

Die Rezepturen der Reinigungsmilch und des Ausgleichsöls sind bekannt.
Für die Vitamin-B-Creme werden 25 g Tegomulus, 60 g Mandelöl und 20 g
Kakaobutter gemeinsam langsam auf 65 Grad erhitzt. In diese Masse rührt man
300 g Hamamaliswasser, das ebenfalls auf 65 erhitzt wurde. Sobald alles auf
etwa 38 Grad abgekühlt ist, etwa 40 g pulverisierte Bierhefe in die Masse einrühren und sofort mit 40 ml Conarom verrühren, da die Bierhefe ansonsten nur
eine Haltbarkeit der Creme von wenigen Stunden ermöglichen würde.
Die Indianer des karibischen Raumes konnten nicht bei Kurzsichtigkeit oder
anderen Sehschwächen zum Optiker laufen, um sich eine Brille zu holen. Auf
der anderen Seite waren sie elementar darauf angewiesen, richtig sehen zu
können. Deshalb gab die Natur ihnen eine ganze Reihe von natürlichen Hilfs-
mitteln:
Die jetzige Übung ist geeignet, nicht nur die ursprüngliche Größe Ihrer Augen
wieder herzustellen, sondern diese auch wieder zu einem besonderen Anzie-
hungspunkt Ihres Aussehens zu machen.

Die hautnährenden Vorbereitungen für diese Übung:

Abklären der Gesichtshaut durch das Regenwasser; Auftragen der Vitamin-B-
Creme; Einwirkungszeit 20 Minuten. Danach die Reste der Creme, die nicht
ganz in die Haut eingedrungen sind, mit der Reinigungsmilch und einen entsprechenden Tuch entfernen; Haut erneut mit Regenwasser benetzen; vorsich-
tig abtupfen und das Ausgleichsöl auftragen. Nach einer fünfminütigen Einwirkzeit können Sie dann mit der eigentlichen Übung beginnen.

DIE ÜBUNG

1 Schauen Sie mit weitgeöffneten Augen entweder ins Leere oder in ihr Spiegelbild. Entspannen Sie dabei Ihr gesamtes Gesicht.

2 Sie sollten dabei spüren, daß sowohl Ober- wie auch Unterlider deutlich weit geöffnet sind. In diesem Bewußtsein 10 Sekunden lang verharren (Männer 20 Sekunden).

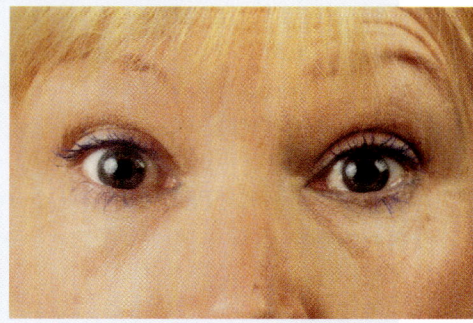

3 Häufiger Fehler bei dieser Übung: Sie müssen genau in Augenhöhe auf Ihr Spiegelbild schauen, keinesfalls höher. Das würde die Spannung des Unterlids mindern, und gerade um diese Spannung geht es in dieser Übung.

Nehmen Sie diese Übung nicht auf die leichte Schulter. Es wird eine Zeit lang dauern, bis Sie sich das faltenbildende Blinzeln abgewöhnt haben. Wenn Sie Ihre Augen beruhigen wollen, nehmen Sie dazu Borwasser und nicht etwa die von vielen Kosmetikerinnen empfohlenen Belladonna-Tropfen. Diese sind sehr schädlich und gefährden bei anhaltendem Mißbrauch Ihr Augenlicht.

Gesichtsmasken – alles nur Schaumschlägerei?

Im Grunde genommen sind Gesichtsmasken, egal ob sie nun aus einer Kunststoffmaske, einem eintrocknendem Gel oder schlimmstenfalls aus Collagen-Vlies bestehen, eine Veralberung der Verbraucherin. Eine Maske verursacht, daß die Haut nicht mehr atmen kann. Sie ist nicht mehr in der Lage, sich der Giftstoffe zu entledigen, wie sie es sonst tut. Es kommt in den Poren zu einem regelrechten Stau der Giftstoffe. Die Zellen schwellen dabei automatisch an. Und genau diese Schwellung mit den Giftstoffen führt vorübergehend zu einer Straffung der Gesichtshaut – solange wenigstens, bis die Giftstoffe abgebaut sind. Beurteilen Sie selbst, ob solche »Antifaltenmasken« nicht reine Schaumschlägerei sind.

MIT KONTRAKRAFT GEGEN IHRE STÄRKSTEN FALTEN

Sie kennen bis jetzt fünf Antifaltenübungen. Ihr Trainingssoll besteht nun darin, alle Übungen einmal pro Tag auszuführen. Aber nur noch in dieser Woche, dann fallen einige Übungen weg. Die fünf neuen Übungen unterscheiden sich generell von denen der Vorwoche. Sie spannen nun erstmals Ihre Gesichtsmuskeln gegen einen Widerstand an, den Sie mit Ihren Fingern erzeugen: entweder durch Drücken oder Greifen.

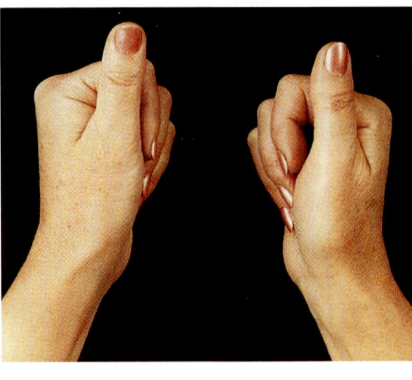

Um den bestmöglichen Erfolg dieser Übungen zu erreichen, sind drei Vorgehensweisen besonders wichtig:

1. Die Reihenfolge der Kursanweisungen muß äußerst exakt eingehalten und darf auf keinen Fall verändert werden.

2. Lassen Sie sich stets ausgiebig Zeit, wenn Sie die Kontrakraft aufbauen.

3. Am Ende der Übungen entspannen Sie zuerst den trainierten Muskel, erst dann lösen Sie die Kontrakraft. Manchmal wird es Ihnen auch passieren, daß die zu trainierenden Gesichtsmuskeln Ihrem Griff einfach entwischen, denn die Kraft dieser Muskeln ist bedeutend größer, als Sie annehmen.

Die Kontrakraft-Übungen wirken sich nicht nur positiv auf die Falten aus. Sie sind auch anstrengend für Finger, Hände und Arme; selbst die Muskeln Ihres Schultergürtels und die Bauchmuskeln werden dabei in Anspruch genommen. Bislang hatten Sie immer unmittelbar vor dem Übungsbeginn Ihr Gesicht mit dem ätherischen Ausgleichsöl eingerieben. Das sollten Sie jetzt anfangs nicht tun, damit Ihre Finger nicht von der gefetteten Haut abgleiten. Das Ausgleichsöl wird nach und nicht vor den Übungen aufgetragen. Erst wenn Sie die Übungen dieser Woche wirklich voll beherrschen, können Sie das Öl wieder vorher auftragen.

Merksätze für die Kontrakraft-Übungen

Sie erzeugen einen Widerstand gegen bestimmte Gesichtsmuskeln durch Drücken oder Greifen mit Ihren Fingern. Der Erfolg dieser Übungen hängt vorrangig davon ab, daß sich der Widerstand Ihrer Finger auf keinen Fall während der Übung verschiebt. Geschieht dies doch, brechen Sie die Übung sofort ab, beginnen Sie erneut.

6. ÜBUNG

DIE SCHLÄFEN-PRESSUR

Männer müssen diese Übung stets doppelt so häufig als Frauen ausführen

ZIEL DER ÜBUNG

Starke Straffung des hinteren Wangenteils, Beseitigung von Hohlwangen und Ausfüllen der Schläfenpartie

BENÖTIGTE NÄHRSTOFFE

Regenwasser, Rosenwasser oder Reinigungsmilch, Kakteenessenz-Creme, Ausgleichsöl

REZEPTUR DER NÄHRSTOFFE

Die Naturcreme, die Sie zur Unterstützung dieser Übung kennen lernen, besteht aus zwei Wirkstoffen: einmal aus dem schon in der letzten Übung erwähnten Taisohextrakt und aus einer Kakteenessenz.

Erwärmen Sie 20 g Tegomulus und 75 g Avocadoöl auf 65 Grad. Rühren Sie in diese Masse 180 ml destillierten Wassers, das vorher auch auf 65 Grad erhitzt worden war. Fügen Sie dieser Masse beim Abkühlen auf 35 Grad 60 ml Taisohextrakt und 60 ml Kakteenessenz zu. Rezeptvariation für Männer: 30 ml Taisohextrakt und 90 ml Kakteenessenz.

Diese Creme benötigen Sie ständig. Deshalb ist es empfehlenswert, sie haltbar zu machen – jedoch ohne Konservierungsstoffe zu benutzen.

DIE ÜBUNG

1. Nach Abschluß der naturkosmetischen Zellnahrungszeit, die etwa 30 Minuten bei den vorgenannten Produkten beträgt, öffnen Sie zunächst Ihren Mund extrem weit.
2. Legen Sie ein kleines Stück festen Schwamm auf Ihre unteren Schneidezähne (keine Übungsbedingung, nur Vorschlag) und darauf wiederum die Kuppen Ihrer Zeige- und Mittelfinger der linken Hand.
3. Drücken Sie die Kuppen Ihrer Finger und damit auch die Zähne kraftvoll nach unten, versuchen Sie aber auch gleichzeitig, Ihren Mund zu schließen. Natürlich nur so weit, bis Sie sich nicht auf die Finger beißen.

❹ Verharren Sie in diesem Zustand zehn Sekunden und stellen Sie sich dabei vor, wie sich die hinteren Teile Ihrer Wangen spannen und straffen.

❺ Danach nehmen Sie Schwammstück und Fingerkuppen zurück, entspannen sich sanft.

TIP

Beachten Sie: Konservierungsstoffe können gegebenenfalls die Ursache von Falten sein. Wenigstens drei Jahre haltbar wird die Creme, wenn Sie in der Abkühlphase, als bei etwa 35 Grad Celsius, 20 ml Conarom, unterrühren. Sie können es aber auch 20 ml Propolisextrakt hinzufügen, dann ist die Haltbarkeit etwa sechs Monate. Die Kombination beider Wirkstoffe glättet ihre Haut in auffallender Weise. Eine verblüffend ähnlich zusammengesetzte Creme wie die unseres Kursus soll bereits der schönen Nofretete im Alten Ägypten bekannt gewesen sein.

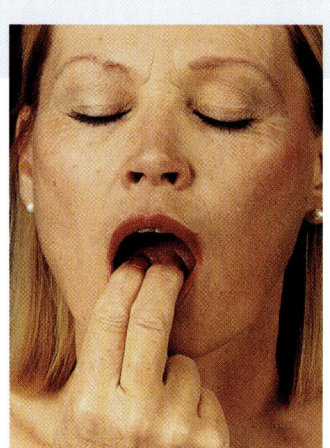

7. ÜBUNG

GEGEN SCHLUPFLIDER

Männer führen diese Übung doppelt so häufig als Frauen aus

ZIEL DER ÜBUNG

Beseitigung der sogenannten Schlupflider; Straffung von überhängenden Lidern

BENÖTIGTE NÄHRSTOFFE

Regenwasser, Hibiskus-Meristem-Creme, Ausgleichsöl.

REZEPTUR DER NÄHRSTOFFE

Bis auf die Hibiskus-Meristem-Creme sind Ihnen alle Produkte bekannt.
20 g Tegomulus mit 70 g Avocadoöl und 5 g Kakaobutter werden gemeinsam auf 65 Grad Celsius erhitzt. In diese Masse geben Sie 100 g ebenfalls auf 65 Grad

Celsius erwärmtes Kornblumenwasser. Während des Abkühlens, bei etwa 38 Grad Celsius, rühren Sie langsam 10 g Meristemextrakt und 10 g Hibiskusextrakt hinzu und danach noch 10 g hochgeschlagenes Sojalecithin oder Lipodermin. Diese Liposomenbindung ermöglicht das tiefe Eindringen der Wirkstoffe in die Haut.

Haltbar machen Sie diese Kostbarkeit mit 5 g Conarom (Orchideenblüten-essenz), die übrigens nicht nur auf natürliche Weise konserviert, sondern auch parfümiert: Sie duftet angenehm nach Vanille.

Die Hibiskus-Meristem-Creme ist eine ganz besondere, leider auch trotz Selbstherstellung, teure Creme. Der Grundstoff Meristemextrakt wird oft auch als Frischzelle der Natur bezeichnet. Gewonnen wird der Meristemextrakt aus den gerade sprießenden Teilen einer Pflanze, also aus den Teilen, die im Grunde genommen alles noch werden können wie Ast, Zweig, Blüte oder Ableger im Wurzelteil.

Hibiskus ist die vornehmlich in der Karibik vorkommende Art des Roseneibisch. Er wirkt sehr straffend auf die Hautpartien.

> ### TIP
>
> Beachten Sie: Obwohl Ihnen die Rezeptur der Hibiskus-Meristem-Creme vorgestellt wird, sollten Sie sie erst dann selbst anfertigen, wenn Sie das Kapitel »Ihre Antifaltenkosmetik« genau durchgearbeitet haben, also auch die kleinen Nuancen einer etwas schwierigeren Cremeproduktion beherrschen.

Verteilen Sie nun diese Creme auf den Hautpartien. Nach Abschluß der Zellnahrungszeit (30 Minuten) folgt die Übung. Die Creme wird nicht entfernt.

DIE ÜBUNG

1. Betrachten Sie zunächst im Spiegel die Bögen Ihrer Augenbrauen.
2. Sobald Sie deren Verlauf mental fixiert haben, drücken Sie die Kuppen von jeweils Zeige-, Mittel- und Ringfinger Ihrer beiden Hände von unten her ganz dicht unter die Brauen. Überprüfen Sie sich durch einen Blick in den Spiegel.
3. Jetzt drücken Sie die Fingerkuppen fest an und schieben sie etwas hoch. Diese Haltung bewahren Sie unverändert über diese gesamte Übung hinweg.

④ Praktisch gegen das Gefühl, das diese Übung hervorruft, kneifen Sie die Augen fest zusammen. Konzentrieren Sie sich jetzt auf das Ziehen nach unten in den oberen Augenlidern.

⑤ Dies müssen Sie acht Sekunden durchhalten.

⑥ Danach entspannen Sie Ihre Muskeln langsam und nehmen den Widerstand, ihre Fingerkuppen, weg.

8. ÜBUNG

MUNDWINKEL-LIFTING

Männer brauchen diese Übung so gut wie nie auszuführen

ZIEL DER ÜBUNG

Hebung und Festigung der Mundwinkelpartien
Erwünschte Nebenwirkung: verleiht den Lippen ein junges, volles Aussehen

BENÖTIGTE NÄHRSTOFFE

Regenwasser, Caribic-Liftingcreme, Ausgleichsöl

REZEPTUR DERNÄHRSTOFFE

Sie kennen die Zusammensetzung aller Produkte bis auf die Caribic-Liftingcreme:

40 g Erdnußöl, 8 g Kakaobutter, 8 g Bienenwachs und 2 g Conarom werden miteinander geschmolzen, verrührt und auf etwa 65 Grad erhitzt. In diese Creme, die man fachlich eigentlich als Balsam bezeichnen muß, kommt keine Wasserphase, sondern 2 g Weihrauchöl, 1g Zitronenöl, 2 g Sandelholzöl und 1 g Geraniumöl.

Peelen Sie vor Beginn der Übung Ihre Haut zunächst mit dem Luffa-Schwamm, pflegen Sie sich mit dem Regenwasser; kurz trocken tupfen, dann die Caribic-Liftingcreme um die Mundwinkel auftragen. Etwa fünfzehn Minuten einwirken lassen. Danach die Haut mit dem Ausgleichsöl pflegen. Noch einmal fünfzehn Minuten warten und dann mit dem Training beginnen.

DIE ÜBUNG

1 Pressen Sie zunächst Ober- und Unterkiefer fest aufeinander.

2 Dann spitzen Sie den Mund so sehr Sie können.

3 Pressen Sie die Kuppen der jeweiligen Zeigefinger Ihrer Hände fest in den Mundwinkeln gegen die Zähne und schieben Sie die Finger, sobald Sie Widerstand verspüren, in Richtung Nasenspitze, Gesichtsmitte.

4 Dies müssen Sie genau 15 Sekunden durchhalten.

5 Danach lockern Sie den Druck Ihrer Finger, entspannen langsam und sanft Ihr Gesicht.

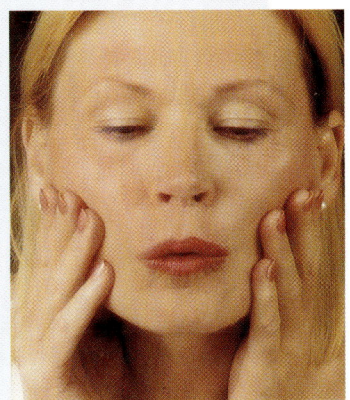

Diese Übung wirkt sich nicht nur auf die Mundwinkel aus, die dadurch wieder geliftet werden. Sie offenbaren auch oftmals stark ausgeprägte Falten auf der Oberlippe.

Und wenn diese nicht bereits nach zwanzigfacher Anwendung dieser Übung deutlich minimiert sind, sollten Sie unbedingt einen Arzt aufsuchen.

Falten als Signal für organische Fehlsteuerungen

Faltenbildung an bestimmten Körperstellen läßt immer klare Rückschlüsse auf organische Fehlsteuerungen zu. Starke, senkrechte Falten auf der Oberlippe deuten beispielsweise fast immer auf eine gestörte Funktion der Bauchspeicheldrüse hin.

Wenn Ihre Bauchspeicheldrüse nicht mehr ausreichende Enzyme produzieren kann, fügen Sie die fehlenden aus frischer Ananas, Papayas, Mangos oder anderem rohen Obst dem Körper zu. Das Obst nehmen Sie eine halbe Stunde vor dem Frühstück zu sich. Lassen Sie sich durch bestimmte medizinische Reklamehinweise nicht verwirren: Sie finden in diesem frischen Obst wirklich in ausreichender Menge alles, was Sie benötigen. Es bedarf keiner Arzneikapsel. Und ein Becher Naturjoghurt mit rechtsdrehender Milchsäure wirkt oft Wunder.

Diese senkrechten Falten entstehen auch, wenn Sie unter großer Anspannung stehen, sehr viel Sorgen haben, längere Zeit nebenwirkungsintensive Arzneien nehmen wie Cortison. In diesem Fall sollten Sie neben der Antifaltenkur mit einer gezielten Ergänzungsnahrung dagegen angehen. Ihr Körper braucht verstärkt Vitamin B 6 und Proteine.

9. ÜBUNG

MINIMIERUNG TIEFER FURCHENLINIEN

Nicht für Männer über 40

ZIEL DER ÜBUNG

Minimierung der Furchenlinie von der Nasenwurzel ausgehend zu den Mundwinkeln

BENÖTIGTE NÄHRSTOFFE

Reinigungsmilch, Taisoh-Creme, Kartoffelpackung, Ausgleichsöl

REZEPTUR DER NÄHRSTOFFE

Die Rezepturen der benötigten Nährstoffe sind bekannt. Neu ist lediglich die Anwendungsvariation. Nach dem Einwirken der Taisoh-Creme von etwa zehn Minuten wird die Kartoffelpackung messerrückendick auf die zu behandelnde Gesichtspartie aufgetragen. Die Masse muß zwanzig Minuten einwirken. Danach wird alles mit der Reinigungsmilch entfernt, bevor die Übung beginnt. Auf keinen Fall vor der Übung das Ausgleichsöl auftragen, sondern erst danach. Die Übung kann unmöglich mit einer fettigen Haut ausgeführt werden.

DIE ÜBUNG

Diese Falten können Sie mit diesem Kurs minimieren, beseitigen geht nicht.

1 Greifen Sie mit Ihren Daumen in Ihre Mundwinkel und drücken ihre Zeigefinger direkt auf einen Teil der Rune. Die Falte ist jetzt also zwischen Daumen und Zeigefinger eingeklemmt. Halten Sie gut fest.

2 Gegen Ihren Druck, den Sie mit Daumen und Zeigefinger ausüben, beginnen Sie jetzt zu lachen. Und zwar so stark, wie Sie nur können. Ideal ist es, wenn Sie diese Übung zehn Sekunden lang durchhalten.

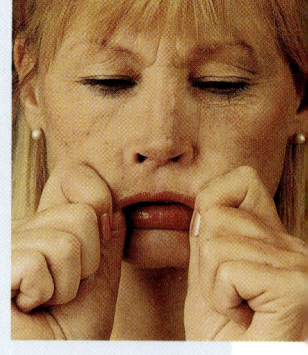

Anfangs wird das kaum klappen, da Ihre Finger oder der Daumen immer wieder abrutschen werden. Rechnen Sie mit gut zehn bis 15 Übungsversuchen.

10. ÜBUNG

GEGEN TRÄNENSÄCKE UND AUGENRINGE

Ideal für Männer, muß aber zweimal pro Tag angewendet werden

ZIEL DER ÜBUNG

Allgemein gegen müdes Aussehen; speziell gegen die Falten und Tränensäcke sowie Ringe unter den Augen

BENÖTIGTE NÄHRSTOFFE

Kakaobutter-Reinigungsmilch, Kornblumen-Creme, Vitamin-E-Öl

REZEPTUR DER NÄHRSTOFFE

Die Rezepturen und Verfahrensweisen kennen Sie aus der zweiten Übung des Antifaltenkurses.

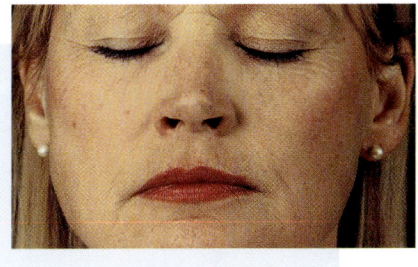

DIE ÜBUNG

1. Sie sitzen wieder betont gerade auf Ihrem Übungshocker, ziehen das Kinn an und betrachten sich im Spiegel. Durch das angezogene Kinn schauen Ihre Augen dabei etwas nach oben.

2. Übertrieben langsam schließen Sie nun die Augen, bis Sie nur noch durch einen schmalen Schlitz Ihre Augen im Spiegel sehen.

3. Konzentrieren Sie sich gedanklich auf die Hautpartie unter Ihren Augen, die halbmondförmig wirkt.

4. Versuchen Sie 10 Sekunden lang mental von innen her gegen diese Hautpartie zu drücken, also den Muskel zu bewegen.

5. Schließen Sie Ihre Augen vollständig, entspannen Sie langsam die Muskeln.

Im Anfang wirkt diese Übung relativ harmlos, aber im Laufe der Zeit lernen Sie es, mental immer stärker die Muskeln unter Ihren Augen anzuspannen. Mit dieser sehr langfristig wirkenden Übung lassen sich nicht etwa von heute auf morgen, dafür aber um so zuverlässiger eindrucksvolle Erfolge erzielen.

Ursachen für Augenringe und Tränensäcke

Augenringe müssen nicht unbedingt eine Erkrankung als Ursache haben. Sofern sie nicht nur die Folge durchfeierter Nächte mit zuviel Zigaretten und Alkohol sind, können sie auf eine Störung des Elektrolythaushaltes beruhen.

Bräunliche Augenringe weisen manchmal auf eine unzureichende Leberfunktion des Körpers hin. Das heißt, die Leber ist nicht mehr in der Lage, ihre Entgiftungsarbeit völlig auszuführen. Schädliche Gifte bleiben im Körper zurück.

Sind die Augenringe von bläulicher Farbe, können sie auf eine Blutarmut hinweisen. Vegetarier haben oft dunkle, schattige Augenringe. Sie leiden stets an ausgesprochenem Vitamin B 12-Mangel, der nur durch die Einnahme von tierischen Eiweiß zu beheben ist. In diesem Fall helfen keine Arzneikapseln, sondern verstärkten Verzehr der Fischsorten: Lachs, Rotbarsch, Heilbutt. Auch Lamm- beziehungsweise Schafffleisch ist empfehlenswert. Ebenso Milchprodukte (Joghurt, Quark, Dickmilch) und Gemüse (Auberginen, Avocado, Blattsalate, Brokkoli, grüne Bohnen, Kresse, Paprika, Petersilie und Zucchini).

> Der unmittelbare Zusammenhang zwischen falscher Ernährung und Ihre Schönheit zerstörender Faltenbildung wird Ihnen noch an vielen Stellen in diesem Buch aufgezeigt. Je eher Sie daraus die Konsequenzen ziehen, desto schneller gewinnen Sie durch die Übungen dieses Buches eine glatte, jugendliche Haut zurück. Leicht zu verwirklichen ist dies, wenn Sie aus dem Speiseplan der im letzten Teil dieses Buches angegebenen »Entgiftungsdiät« eine Dauereinrichtung machen, etwa alle drei Monate sich eine Woche lang so ernähren wie dort aufgezeigt.

Tränensäcke – sie werden auch die Augensäcke der Unterlider genannt – entstehen vornehmlich, wenn das Stützgewebe der vorderen Augenhöhle erschlafft ist und dabei Fett in das Gewebe vordringt.

Die häufigste Ursache für tiefe Augenringe und gleichzeitigen Tränensäcken ist eine chronische Verstopfung. Tränensäcke und Augenringe lassen sich also nicht allein durch die in diesem Buch angeführte Antifaltenkur beseitigen, Sie müssen sich auch eine vernünftige Ernährung gönnen.

Die tägliche Nahrung für alle Menschen, die an Tränensäcken und Augenringen leiden, sollte durch eine hohe Vitamin C Konzentration ausgeprägt sein. Das bevorzugte Obst ist Papaya und Guave. Der Mineralienbedarf läßt sich durch Champignons decken. Blumenkohl, Fenchel, Brokkoli, Paprika sowie Grünkohl sind in diesem Fall die idealen Gemüse.

Sie müssen aber auch auf jeden Fall einen Arzt konsultieren, weil das gleichzeitige Auftreten von Augenringen und Tränensäcken auf Unterleibskrankheiten, Magenleiden, Tuberkulose, Nierenleiden, Leberstörungen oder Kreislaufstörungen, im ungünstigsten Falle auf alle Leiden zusammen, hinweisen kann.

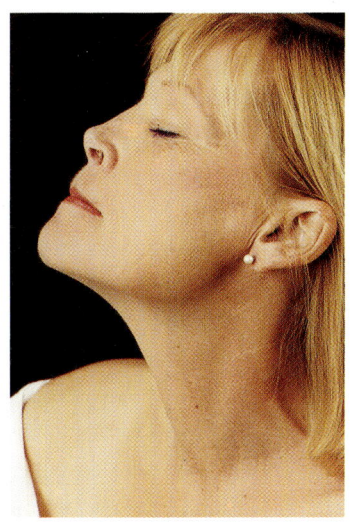

Werden die Augen überstrapaziert und enthält die Nahrung zuviel gesättigte Fettsäuren (Currywurst, Schweinefleisch, Eisbein, Wurst), so werden die lysozymhaltige, deshalb fettabbauende Tränenflüssigkeit aber auch das örtliche Bindegewebe falsch ernährt. Es kann seine Aufgabe nicht mehr erfüllen. Das Stützgewebe wird müde und schlaff, das Fett nicht mehr abgebaut. Der Tränensack wölbt sich dadurch unschön nach außen vor.

Die Schönheitschirurgie bietet hierfür einige Operationen an, mit denen das erheblich abgeschlaffte Fettgewebe entfernt werden kann. Es laufen derzeit generelle Versuche, die das Entstehen verschiedener Krebssorten in Relation zu vorgenommenen Fettabsaugeaktionen stellen. In Mittelamerika sind solche Operationen schon verboten.

Nachdem Sie die möglichen Ursachen der Tränensäcke und Augenringe kennengelernt haben, wissen Sie ja auch, was von den diesbezüglichen kosmetischen Anwendungen zu halten ist. Sie können aber auch jetzt verstehen, warum ausgerechnet das Kornblumenwasser so gut gegen die Tränensäcke wirkt. Es ersetzt das verlorenen gegangene Lysozym der Tränenflüssigkeit.

Lysozym ist ein fettabbauendes Enzym. Sie werden an anderer Stelle dieses Buches noch viel darüber lernen.

IHRE DRITTE ÜBUNGSWOCHE:

Zehn Übungen haben Sie bislang erlernt – ausreichend viele, um Ihr Aussehen schon entscheidend zu verbessern, aber nicht ausreichend genug, um alle Faltenzonen Ihres Gesichts erfolgreich zu bekämpfen.

Verlieren Sie aber nicht die Übungen der ersten beiden Wochen des Antifaltentrainings aus dem Auge. Frauen sollten wenigstens einmal, Männer in manchen

Pseudo-Wundermittel und ihre Folgen

Sicherlich waren die letzten Übungen mit der Kontrakraft etwas schwierig und mühevoll. Doch was sind die Alternativen?: Sie können sich entweder »unter das Messer« des Chirurgen legen und sich auch gegebenenfalls durch Silikoneinlagen liften. Doch dieser Fremdkörper unter der Haut kann Krebs hevorrufen. Oder Sie vertrauen auf die manchmal »abstrusen« Vorschläge der Kosmetikindustrie.

Immer wieder bringen Kursteilnehmerinnen sogenannte Kollagen-Cremes mit und fragen, ob sie denn diese nicht für den Kurs benutzen können. Unabhängig davon, daß diese Cremes Konservierungsmittel und meist Mineralöle enthalten, also auch aus diesem Grund schädlich sind, muß einmal ganz klar betont werden: Es ist wissenschaftlich bewiesen, daß die Unterhaut des Menschen nicht in der Lage ist, tierisches Kollagen aufzunehmen.

Kollagencremes gegen Falten sind absolut nutzlos für den Anwender, bringen lediglich dem Hersteller dicken Profit.

Ein weiteres Mittel, was manche gern in diesem Kurs einsetzen möchten, sind sogenannte AHA-Produkte – also Fruchtsäuren. Im Gegensatz zu den Kollagen-Cremes, die einen nur relativ geringfügigen Schaden anrichten, sind die Auswirkungen der AHA-Produkte um einiges gefährlicher. Sie schaden nämlich garantiert! Die Fruchtsäuren minimieren die Haut, tragen sie in Schichten ab. Dadurch kommt es oberflächlich gesehen zwar zu dem flüchtigen Eindruck, Falten würden durch die Fruchtsäuren minimiert, in Wirklichkeit wird einfach ein Teil der Haut aufgelöst.

Benutzt man über einen längeren Zeitraum die Fruchtsäuren zur Hautbehandlung, dann bleibt letztendlich nichts, als eine pergamentene Haut zurück.

Noch gesundheitsgefährdender kann das sogenannte Myolifting sein. Hier haben Hersteller monströse Apparate gebaut, die durch viele Knöpfe und Lämpchen einen wissenschaftlichen Anstrich erhalten. Sie geben aber nichts weiter als dem Zellkern einen Stromstoß.

Lange genug angewendet, wird irgendwann einmal der Zellkern verletzt. Er schwillt an. Diese Wirkung täuscht eine faltenfreie Hautoberfläche vor. Tatsache ist jedoch: Aus verletzten Zellen kann Krebs entstehen. Und selbstverständlich schwillt der Kern wieder ab, die Falten kommen zurück. Myolifting ist lebensgefährlicher Unsinn, der darüber hinaus die Anwender auch in finanzieller Hinsicht sehr teuer zu stehen kommt.

Der in diesem Buch vorgestellte 30-Tages-Kurs ist zwar in einigen Kapiteln etwas mühsam, aber er bringt Ihnen garantiert Erfolg, ist absolut frei von schädlichen Nebenwirkungen. Das könnte also Ihre Alternative sein!

Fällen zweimal die Trainingsabschnitte üben. Vernachlässigen Sie auch nicht, sich die grundlegenden Erläuterungen der Kontrakraftübungen ins Gedächtnis zurückzurufen.

Wenn auch der Kurs Durchhaltevermögen und Konsequenz von Ihnen verlangt, wird Sie eines sicherlich aufbauen und zum Weitermachen motivieren: Bereits jetzt können Sie die ersten, deutlich sichtbaren Erfolge des Antifaltenkurses in Ihrem Gesicht erkennen. Dies steigert Ihr Selbstbewußtsein, ist Balsam für Ihre Seele. Und: Die seelische Einstellung ist sehr entscheidend für ein schönes Aussehen.

Falls Ihre Augen aussagen »Ich bin häßlich«, wirken Sie auch so, egal wie glatt Ihre Haut durch diesen Kurs auch wird. Sich selbst als häßlich einzustufen, ist ein weitverbreitetes Verhalten vieler Frauen. Dabei übt ein strahlender Blick auf Ihre Umgebung eine faszinierende Wirkung aus. Wenn es Ihnen innerlich gelingt, sich auf jeden Fall für schön zu halten, gewinnen Sie äußerlich eine Ausstrahlung, die entscheidend für den gesamten Erfolg dieses Antifaltenkurses ist.

Durch die Entgiftungsdiät, die Sie am Schluß des Buches aufgezeichnet finden, werden Sie nun bereits einige Pfunde verloren haben; zumindest aber ist Ihr gesamter Körper aufnahmebereit für Veränderungen geworden. Spürbar wird dies auch am Erfolg der Übungen, der sich von Tag zu Tag verstärkt.

Die Ursache dafür ist ganz einfach zu erklären: Entgiftete Zellen reagieren besser auf alles, was mit ihnen geschieht als durch Gifte träge gewordene Zellen. Falls Sie über ausreichend Zeit verfügen, können Sie deshalb auch schon während der Lernphase »Gesichtsfalten« mit den Antifaltenübungen für den Körper beginnen, da sich die völlig unterschiedlichen Übungsbereiche nicht tangieren.

Ziel aller Antifaltenübungen ist es, daß sie nach Ablauf des 30-Tage-Kurses zum täglichen Bestandteil Ihrer Körperpflege werden.

TIP

Fotokopieren Sie die Kästchen, in denen die einzelnen Schritte einer Übung pro Kapitel übersichtlich zusammengefaßt sind, und heften Sie sie in der Reihenfolge, in der Sie sie lernen möchten, an den Spiegel.

Das Merkpensum dieser dritten Übungswoche vor Beginn des neuen Trainings:

Sie erzeugen einen Widerstand gegen bestimmte Gesichtsmuskeln durch Drücken oder Greifen mit Ihren Fingern. Der Erfolg dieser Übungen hängt vorrangig davon ab, daß sich der Widerstand Ihrer Finger während der Übung verschiebt. Geschieht dies doch, brechen Sie die Übung sofort ab, beginnen Sie erneut.

11. ÜBUNG

GEGEN WANGENSÄCKCHEN

Raucher müssen diese Übung dreimal so oft ausführen als Nichtraucher

ZIEL DER ÜBUNG

Straffung der Wangen und Glättung der Mundwinkel

BENÖTIGTE NÄHRSTOFFE

Regenwasser, Caribic-Liftingcreme, Ausgleichsöl

REZEPTUR DER NÄHRSTOFFE

Die Rezeptur und Anwendung der Nährstoffe sind Ihnen seit Übung Nr. 8 bekannt. Versuchen Sie auch jetzt schon, den Einsatz der Kosmetika zu systematisieren. Das heißt, mit dem Auftragen aller Produkte, egal wieviele Übungen sie auch ausführen, darf nicht mehr als zwanzig Minuten Zeit verbraucht werden.

DIE ÜBUNG

Erinnern Sie sich noch an Übung Nr. 8? Da steckten Sie den Daumen in den Mund, mit dem Zeigefinger drückten Sie auf die Wange. Jetzt ist es umgedreht.

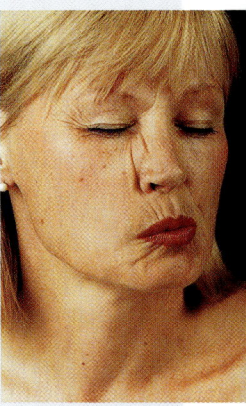

1 Sie fahren mit dem Zeigefinger in den Mund und mit dem Daumen drücken Sie deutlich hinter Ihrer Lachfalte auf die Wange.
Falls Ihnen das nicht gelingt, können Sie auch ein kleines Tuch zum Festhalten benutzen.

2 Versuchen Sie, zwanzig Sekunden lang breit zu grinsen.

3 Danach entspannen Sie die Muskeln, lassen den Griff wieder los.

Diese Übung ist relativ schwer. Der angesprochene Wangenmuskel ist außerordentlich stark. Falls Sie zu nahe an den Mundwinkeln anfassen, können Sie ihn überhaupt nicht festhalten, wenn Sie mit dem Grinsen beginnen.

Um Mißverständnisse zu vermeiden: Grinsen ist die Lachbewegung, die waagerecht in der Höhe des Mundes verläuft. Lachen ist die, die nach oben, richtig Ohren zeigt.

Zu dieser Übung gibt es eine Variante der gymnastischen Faltenbekämpfung, die den Erfolg Ihrer Bemühungen ungemein optimiert. Zwar ist ihre Methodik äußerst einfach, wenn man sie erst einmal begriffen hat, aber sie ist in schriftlicher Form noch nirgendwo sonst erwähnt, wird in der Karibik noch immer von der Mutter zur Tochter weitergesagt, also vererbt.

1 Füllen Sie Ihren Mund zunächst mit Wasser. Drücken Sie die gesamte Flüssigkeit zunächst mit aller Kraft in die linke Wange und halten diesen Druck 20 Sekunden lang an. Dann drücken Sie das Wasser mit aller Kraft in die rechte Wange.

2 Beobachten Sie dabei Ihr Gesicht genau im Spiegel und schauen Sie auf die Hauptfalten, jeweils rechts und links. Die Übung ist dann richtig, wenn mindestens zwei starke Falten oder Furchen auf jeder Seite solange »glatt« durch das Aufblähen geworden sind, wie Sie den Druck erzeugen.

Üben Sie einige Male diesen Vorgang mit dem Wasser im Mund. Danach müßten Sie auch in der Lage sein, nur durch Aufblähen mit Luft den Druck in den Backen jeweils wechselseitig zu erzeugen.

Der Vorteil dieser Art der Faltenbekämpfung: Sie kann nicht nur im Zusammenhang mit unseren täglichen Übungen zu Hause ausgeführt werden, sondern, sobald man Routine darin hat, auch unterwegs. Beispielsweise, wenn Sie sich in einem Autostau befinden und überlegen, wie Sie die wertvolle Zeit irgendwie nutzen könnten.

Merken Sie sich von dieser Übung:

Mit dem Zeigefinger in den Mund fahren, mit dem Daumen
hinter die Lachfalte auf der Wange drücken.
20 Sekunden lang breit grinsen.
Muskeln entspannen, Griff wieder lockern.

oder:

Mund mit Wasser füllen.
Flüssigkeit kraftvoll in die linke Wange drücken,
Druck 20 Sekunden lang halten.
Vorgang mit der rechten Wange wiederholen.

12. ÜBUNG

GEGEN AUGENFALTEN

Bei Männern wirkt diese Übung weitaus schneller als bei Frauen

ZIEL DER ÜBUNG

Beseitigung der verschiedenen Faltenarten unterhalb der Augenpartie

BENÖTIGTE NÄHRSTOFFE

Regenwasser, Caribic-Liftingcreme, Ausgleichsöl

REZEPTUR DER NÄHRSTOFFE

Die Rezepturen sind Ihnen bekannt. Die kosmetische Vorbereitung ist also identisch mit Übung Nr. 11. Beide Übungen können unmittelbar hintereinander folgen, Sie verschieben nur den Zeitpunkt, wenn Sie das Ausgleichsöl auftragen. In
Zukunft, sobald Sie diese Übung gelernt haben, tragen Sie das Öl erst nach der
letzten Übung auf, nicht etwa nach jeder.

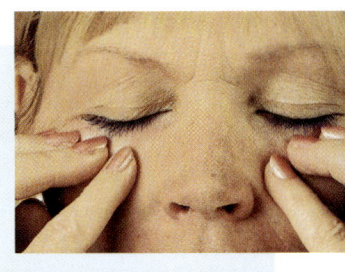

DIE ÜBUNG

1 Legen Sie die Zeigefinger Ihrer Hände rechts und
links unterhalb der Augen so auf, daß die Kuppen Ihrer Finger noch die Nase berühren, die
Fingerränder entlang dem Jochbein etwas oval
auf der Haut anliegen.

2 Drücken Sie jetzt die Finger fest an, so daß nicht nur die Haut, sondern
auch der sehr kräftige Augenringmuskel am Jochbein festgehalten wird.

3 Jetzt kneifen Sie so stark wie möglich die Augen zusammen. Es entsteht
nun wieder einmal die »Kontrakraft« dieser Übung.

4 Mental ziehen Sie dabei den Augenringmuskel von unten auf die Lidspal-
te zu, die entsteht, wenn Sie die Augen zukneifen. Fangen Sie jedoch mit
dieser mentalen Vorstellung sanft an, lassen Sie erst allmählich die Kraft
anschwellen und denken Sie dabei auch immer an die untersten Schichten der Haut und Muskeln.

Unerläßlich ist natürlich, daß die Zeigefinger während der ganzen Übung
unverrückt an Ort und Stelle bleiben, und zwar 15 Sekunden lang.

5 Danach entspannen Sie erst einmal mental die Muskeln, um abschließend die Finger wieder wegzunehmen.

Das Risiko dieser Übung liegt darin, daß Sie anfangs unbewußt dazu neigen, eine Gegenbewegung mit Händen und Fingern zu machen. Dies müssen Sie unbedingt vermeiden, da sonst die sehr empfindliche Haut unter Ihren Augen gedehnt und damit faltig würde.

Wenn Sie nach der Übung in den Spiegel sehen, werden Sie feststellen, daß Sie nur einen Teil der Region um Ihre Augen herum behandelt haben. Suchen Sie sich zwei bis drei Variationen zur beschriebenen Fingerhaltung. Legen Sie die Zeigefinger an verschiedenen Stellen rund ums Auge. Ziel ist, letztendlich auch gedanklich einen Kreis zu schließen, alle Partien des Augenringmuskels gleichmäßig behandelt zu haben.

13. ÜBUNG

GEGEN FALTEN AM KINN UND HALSANSATZ

ZIEL DER ÜBUNG
Wegtrainieren der »Säckchen«, die zu beiden Seiten des Kinns entstanden sind

BENÖTIGTE NÄHRSTOFFE
Regenwasser, Kakaobutter-Reinigungsmilch, Mincir-Creme, Ausgleichsöl

REZEPTUR DER NÄHRSTOFFE
Mit Ausnahme der Mincir-Creme sind die Rezepturen der benötigten Produkte bekannt.

40 g Lameemulgator, 70 g Jojobaöl und 10 g Kakaobutter werden gemeinsam auf 65 Grad erhitzt. Ebenso 220 g destilliertes Wasser, das danach langsam in die Masse gerührt wird. Wenn diese Crememasse unter ständigem Rühren auf 38 Grad abgekühlt ist, geben Sie zunächst 10 g Kornblumenwasser hinzu; dann 5 g L-Carnitin, 5 g Fucus und 5 g Lysozym. Alles zusammen wird dann mit 20 g Lipodermin fünf Minuten lang schnell gerührt.

Diese Creme muß allein schon wegen ihrer Herstellungskosten sofort mit 10 ml Conarom haltbar gemacht werden. Sie zieht sehr schnell ein, muß stets zehn Minuten vor dem Trainingsbeginn aufgetragen werden.

Eigenschaften der Mincir-Creme

Die für diese Übung benötigte Mincir-Creme leitet schon auf die Vorbereitungen für die Ganzkörperpflege ein, stellt eine völlig neue Creme und Eigenschaft der Antifalten-Naturkosmetik dar. Hier handelt es sich nicht um eine Creme, die in irgendeiner Form den Hauttugor pflegt – zumindest nicht vordergründig – sondern dem Körper etwas entzieht, nämlich Wasser und Fett.

Die kleinen »Hamsterbäckchen«, die sich seitlich des Kinns bei vielen Menschen schon recht früh einstellen, sind meist mit Wasser und Fett gefüllt. Sie bedürfen deshalb nicht nur einer Straffung durch das entsprechende Antifaltentraining, sondern auch einer Beseitigung von Masse. Insofern ähnelt diese Maßnahme der Faltenbekämpfung am Körper. Auch hier muß sehr oft beides angewendet werden. Die Mincir-Creme besitzt diese »entziehenden« Eigenschaften. Darüber hinaus transportiert sie ihre Wirkstoffe sehr tief ins Gewebe.

Wirkstoffe der Mincir-Creme

Was die Wirkstoffe der Mincir-Creme können müssen, liegt auf der Hand: die Beseitigung von Gewebefett- oder Wassermasse.

Dazu hat die Natur viele Mittel wachsen lassen: Artischockenextrakt und auch Spargelextrakt transportieren Flüssigkeit aus dem Körper. Algenextrakte (Fucus), L-Carnitin und Lysozym lösen Fett auf. Letzteres Enzym finden Sie beispielsweise in hoher Konzentration im Kornblumenextrakt. Es wurde bereits in der Übung gegen Augensäckchen beschrieben. Bleibt noch abzuklären, was das L-Carnitin ist, da der Algenextrakt Fucus mit seinen fettvernichtenden Eigenschaften vielen bereits durch übergroßen Reklamerummel bekannt ist. Wissenschaftlich gesehen ist Carnitin eine biologische Substanz, die aus zwei Aminosäuren besteht. Die hervorstechende Eigenschaft: Förderung der Fettoxidation. Darüber hinaus benötigen wir Liposome, wenn wir Wirkstoffe tief in die Haut transportieren wollen; etwa das in vielen Drogerien käuflich zu erwerbende Lipodermin, oder man schlägt sich selbst aus Sojalecithin eine Wirkstoffmasse. Die Geduld und die Experimentierfreudigkeit karibischer Wissenschaftler war notwendig, um aus dieser Vorgabe eine Rezepturkombination zu entwickeln, die es ermöglichte, eine tatsächlich funktionierende Mincir-Creme zu entwickeln.

DIE ÜBUNG

1 Drücken Sie zunächst Ihr Kreuz bewußt durch. Ihr Oberkörper neigt sich deshalb etwas nach vorn und Ihr Kopf ist gleichzeitig auch leicht nach oben und nach vorn gereckt.

Vergleichen Sie einmal diese Übung mit Nr. 1, dann werden Sie sofort feststellen, daß gleichzeitig auch Ihr Hals etwas mehr gespannt ist als bei der ersten Übung. Das wirkt sich natürlich bestens auf das Übungsziel, die Faltenminimierung, aus.

2 Sobald Sie Ihre Unterlippe kräftig über die Oberlippe geschoben haben, imaginieren Sie mental ein starkes Nach-oben-Ziehen unter dem rechten Wangensäckchen.

3 Dieses Ziehen halten Sie 15 Sekunden, dann drehen Sie den Kopf nach links. Aber sehr sehr langsam; das Drehen soll nämlich auch 15 Sekunden andauern.

Aber: Verwechseln Sie das Drehen nicht etwa mit Beugen, denn dazu verleitet diese Übung sehr leicht. Sie müssen den Kopf so wenden, als wollten Sie über Ihre Schulter nach hinten schauen.

4 Danach entspannen Sie sich langsam, gehen in Ihre Normalhaltung zurück.

Sie haben sicherlich schon gemerkt: Diese Übung ist eine Abwandlung der allerersten Übung und erfaßt die seitlichen Teile des Haupthalsmuskels. Die erste Übung beeinflußte nur die Mitte davon.

TIPS ZUR ÜBUNG

1. Verlieren Sie nicht sofort den Mut. Nur in den seltensten Fällen gelingt diese Übung auf Anhieb. Jetzt müssen Sie beweisen, daß Sie die notwendige Ausdauer und Willenskraft mitbringen, um das hochgesteckte Ziel der Faltenfreiheit zu erreichen.

2. Vielleicht helfen Ihnen auch noch einige Tips. Wenn Sie dieses »Nach-oben-Ziehen«-Gefühl nicht richtig verspüren, dann sollten Sie zu Beginn der Übung den Kopf etwas mehr in den Nacken legen. Und wenn es Ihnen nicht gelingen will, mental das Wangensäckchen zu spüren, tasten Sie es erst mit den Fingerspitzen ab, das erleichtert später die Vorstellungskraft ungemein.

3. Es gibt aber noch eine andere Möglichkeit, weshalb diese Übung gänzlich ohne Erfolg sein kann: wenn die beiden Säckchen neben dem Kinn keine Hauterschlaffung sind, sondern ganz einfach Fettablagerungen. Sie merken das am schnellsten, wenn Sie einfach hineinkneifen. Fühlen sie sich fest und nicht schlaff an, sind es Fettpölsterchen.

4. Dagegen ist natürlich eine Antifaltenübung machtlos. Es hilft Ihnen nur noch, die Mincir-Creme jede Nacht aufzutragen, bis diese das Fettpölsterchen abgebaut hat.

14. ÜBUNG

VERJÜNGUNG DER MUNDPARTIE

ZIEL DER ÜBUNG

Deutliche Hautstraffung auf der gesamten unteren Mundpartie

BENÖTIGTE NÄHRSTOFFE

Regenwasser, Kornblumenwasser, Kakaobutter-Reinigungsmilch, Mincir-Creme, Rosengel, Ausgleichsöl

REZEPTUR DER NÄHRSTOFFE

Die Rezepturen sind Ihnen bekannt, doch ist es angebracht, hier noch einmal auf das Kornblumenwasser einzugehen. Eigentlich ist das Eau de Bleues, wie die Franzosen das Kornblumenwasser nennen, im Land der Kosmetik mehr als bekannt, ja alltäglich. Wenn man den dortigen Kosmetikerinnen einmal genau auf die Finger schaut, dann sind es nicht die vielen, weltberühmten, glitzernd verpackten Produkte, mit denen sie ihre Behandlungen erfolgreich durchführen, sondern meist kleine blaue Fläschchen, die typischen Behälter des Eau des Bleues.

Bei der redaktionellen Bearbeitung dieses Buches stand noch nicht endgültig fest, wo wohl für den deutschen Verbraucher die beste Einkaufsmöglichkeit für das Kornblumenwasser ist. Es empfiehlt sich, auf alle Fälle den Leserdienst anzuschreiben, um eine aktuelle Bezugsquellenauflistung zu bekommen, da sich durch den richtigen Einkauf der Rohstoffe sehr viel Geld sparen läßt.

DIE ÜBUNG

Pflegen Sie vor der eigentlichen Übung Ihre Gesichtshaut mit den angegebenen Produkten wie gewohnt, doch beginnen Sie ab jetzt bewußt damit, Gesichtszonen mit Fettpölsterchen nach der Hautreinigung erst einmal mit Kornblumenwasser einzutupfen. Sie wissen ja seit Übung Nr. 13, hierdurch verbrennen Sie Fett.

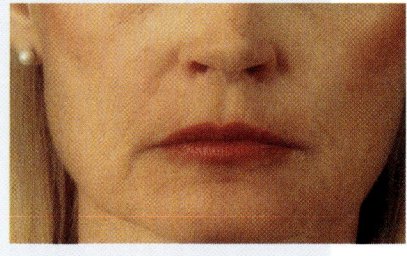

1. Drücken Sie Ober- und Unterkiefer fest aufeinander.
2. Schieben Sie jetzt Ihr Kinn und die Unterlippe »auseinander« und halten diese Spannung zehn Sekunden.
3. Entspannen Sie sich sehr langsam.

Die Bewegungen dieser Übung werden Ihnen weitaus schwerer fallen als Sie beim Durchlesen vermuten. Das liegt unter anderem natürlich auch daran, daß Sie bei dieser Übung praktisch nichts von der Bewegung, die Sie ausführen, im Spiegel sehen.

Diese Übung ist – wie einige Trainingsabschnitte vorher auch – eine Übung, die man hauptsächlich fühlt. Das ist auch der Grund, warum Frauen den Kursus viel schneller lernen als Männer.

Dafür trainieren Männer, sobald sie alle Trainingsabschnitte richtig gelernt haben, später weitaus gewissenhafter und konstanter. Frauen neigen dazu, einen verhängnisvollen Fehler zu begehen: Rund drei Monate lang wenden sie die Übungen an. Dann, vom strahlenden Erfolg restlos überzeugt, setzen sie das Antifaltentraining wieder ab. Männer dagegen machen in der Mehrzahl der Fälle vorschriftsmäßig weiter, weil sie das einmal gewonnene jugendliche Aussehen nicht so schnell wieder aufgeben wollen.

HINWEIS

Die Übungen müssen zu einem unabänderlichen Teil der Körperpflege werden, nur dann ist der andauernde Erfolg gewährleistet. Spätestens ab dem vierzigsten Lebensjahr müssen Sie eine permanente Bewegungsgymnastik ausüben oder sonst irgendwie aktiv Sport betreiben, nur um Ihren Bewegungsapparat funktionstüchtig zu halten. Dabei handelt es sich um Knochen und Gelenke, die Sie beeinflussen. Wieviel intensiver müssen Sie sich um Ihre Haut kümmern.

Doch zurück zu unserer sehr schweren Übung. Es hilft Ihnen, wenn Sie sich einige Zeit einfach nur einbilden, die Bewegung des Auseinanderschiebens zwischen Unterlippe und Kinn auszuführen. Etwa nach einer Woche überträgt sich die mentale Bewegung auf die Realität, wird tatsächlich das Auseinanderschieben ausgeführt. Auch wenn Sie es zu Beginn dieser Übung nicht glauben wollen, aber nach etwa dreiwöchiger Übungszeit beziehen Sie das Auseinanderschieben dieses Trainingsteils auch auf die Oberlippe. Dann sind Sie allerdings schon perfekt in der Faltenbekämpfung geworden.

Ein häufig vorkommender Fehler bei dieser Übung ist leicht auszuschalten: Wenn bei dieser Übung im Spiegelbild die Halssehnen sichtbar werden, haben Sie garantiert nicht von der Mitte aus Unterlippe und Kinn auseinandergeschoben, sondern seitlich. Das hat aber keinen günstigen Einfluß auf die Faltenminimierung.

15. ÜBUNG

GEGEN EINE DACKELSTIRN

Für Männer und Frauen gleichgut geeignet; Männer sollten jedoch diese Übung zweimal pro Tag durchführen

ZIEL DER ÜBUNG
Beseitigung der Stirnerschlaffung und der damit zusammenhängenden Falten

BENÖTIGTE NÄHRSTOFFE
Regenwasser, Hibiskus-Meristem-Creme, Ausgleichsöl

REZEPTUR DER NÄHRSTOFFE
Alle Nährstoffe und Anwendungen sind Ihnen seit Übung Nr. 7 hinreichend bekannt.

DIE ÜBUNG

1 Rufen Sie sich Übung Nr. 7 wieder genau ins Gedächtnis zurück. Am besten, Sie führen sie einmal kurz aus.

2 Legen Sie dann die Zeigefinger dicht über die Brauen und drücken Sie an wie bei Übung Nr. 7; doch diesmal führen Sie die kleine Gegenbewegung nach unten aus.

3 Gegen den so entstandenen Widerstand versuchen Sie nun exakt zehn Sekunden lang mit aller Kraft, die waagerechten Falten auf Ihrer Stirn nach oben zu ziehen.

4 Lockern Sie die Kontrakraft, entspannen Sie die Stirn.

5 Nehmen Sie die Zeigefinger langsam wieder zurück.

Diese Übung glättet nicht die waagerechten Stirnfalten, die Sie gerade mental nach oben gezogen haben, sondern strafft nur die sogenannte Dackelstirn und hebt die Brauen, die ab dem vierzigsten Lebensjahr so gern absacken. Mit der Bekämpfung der waagerechten Stirnfalten müssen Sie sich noch bis zur nächsten Woche gedulden. Dann erst kommt das dafür notwendige Training. Diese Übung zeigt übrigens die am schnellsten sichtbaren Erfolge.

TIPS FÜR UNGEDULDIGE

Man kann bei der Bekämpfung Ihrer Stirnfalten etwas mogeln, um schnell zu einem guten Ergebnis zu kommen: Rühren Sie unter die Hibiskus-Meristem-Creme 10 ml Kakteenextrakt pro 100 ml ein, also auf ein normales Döschen gerade 5 ml oder zehn Prozent des Inhalts.

Kakteenextrakte wirkten extrem hautglättend, wenn sie in Verbindung mit Meristeme auf die Haut aufgetragen werden. Die meisten Schauspielerinnen, die einmal auf einer Schönheitsfarm in der Karibik waren, betreiben mit einer Variation dieser Salbe, die zu einer Lotion umgearbeitet werden muß, ein biologisches Ganzkörperlifting von überwältigender Wirkung.

IHRE VIERTE ÜBUNGSWOCHE:

Sie kennen jetzt fünfzehn Übungen und eine ganze Reihe von Rezepturen, die Sie zur Hautnahrung einsetzen können. Fünf Tage in der Woche haben Sie gelernt, es bleibt zu hoffen, daß Sie am sechsten Tag stets alle Übungen wiederholt und, wie empfohlen, den siebten Tag lediglich Ihre neugewonnene Schönheit genossen haben.

Wie bereits erwähnt, beruht dieses Buch ausschließlich auf Erfahrungswerten. Und genau diese Erfahrungswerte besagen, daß die Teilnehmerinnen, sobald sie festgestellt haben, wie schnell und zielsicher der Kurs wirkt, sich im letzten Drittel auf andere Probleme ihrer Haut konzentrieren.

Dann heißt es: »Die Falten sind weg, aber die Altersflecken bleiben.« Oder: »Was nützt es mir, wenn ich jetzt keine Falten mehr habe, wo doch meine Haut durch Neurodermitis entstellt ist.« Natürlich sind all diese Probleme hinreichend bekannt – und – das ist neu, auch entsprechend gelöst. Keine Sorge also, im Kapitel »Ihre Antifaltenkosmetik« geht es nicht mehr so sehr um die einfachen Rezepte zur Creme- oder Lotion-Herstellung, sondern hier beginnt die hohe Schule der Körperpflege und die Herstellung der dafür notwendigen Produkte. Sie erfahren, was Sie ganz individuell benötigen und in die Cremes unterrühren müssen, um Ihre Altersflecken, Ihre Neurodermitis oder Ihre Psoriasis mit in den Griff zu bekommen.

Wer aus gesundheitlichen Problemen eine negative Eigenschaft seiner Haut so schnell wie möglich beseitigt haben will, der kann das Kapitel über die Herstellung der Produkte schon vorher gründlich durcharbeiten. Es fällt Ihnen jedoch leichter, die Anwendungen dieses Kapitels zu erlernen, je größer die Kenntnis der verschiedenen Hautprobleme ist, die in diesem Buch ebenfalls, wenn auch als Nebenprodukt, systematisch vermittelt wird.

ZEIT UND ROUTINE

Wenn Sie die einzelnen Produkte mit Conarom angefertigt, also haltbar gemacht haben, dann verkürzt sich trotz der mittlerweile fünfzehn Übungen, die Sie tagtäglich wiederholen, der Zeitaufwand beträchtlich. Schließlich müssen Sie nicht mehr die Herstellungszeit der Kosmetika mitberechnen. Sie greifen auf Ihren Vorrat zurück. Zudem lassen sich für viele Übungen die Produkte einfach kombinieren. Später werden Sie für die gesamte intensive Körperpflege des Kurs nicht mehr als 20 Minuten täglich benötigen. Und darin sind auch die Zeiten für die Faltenbekämpfung am Hals und restlichen Körper miteinberechnet.

Sie werden schon bald feststellen, daß die Übungen des Antifaltentrainings zur Routine werden. Es gibt Frauen, die entwickeln bereits innerhalb der ersten drei Wochen ihres Trainings soviel Routine, daß sie dabei irgendeine belanglose, aber dennoch für sie unerläßliche Tätigkeit erledigen. Es ist sogar schon vorgekommen, daß Absolventen dieses Kurses die Zeitung beim Trainieren gelesen haben.

Für die mentalen Übungen ist diese Routine sicherlich am besten. Denn wenn diese Übungen in ihrem Verlauf erst einmal im Unterbewußtsein gespeichert sind, gibt es auch keine Fehler mehr.

16. ÜBUNG

GLÄTTEN DER GESAMTEN MUNDZONE

Männer müssen diese Übung vor, niemals nach dem Rasieren ausführen

ZIEL DER ÜBUNG

Faltenbeseitigung an der oberen und unteren Mundpartie

BENÖTIGTE NÄHRSTOFFE

Regenwasser, Kornblumenwasser, Kakaobutter-Reinigungsmilch, Mincir-Creme, Rosengel, Ausgleichsöl

REZEPTUR DER NÄHRSTOFFE

Die Rezepturen der Nährstoffe sind bekannt. Lediglich ihre Anwendung ist für diese Übung anders als sonst.

DIE ÜBUNG

Jetzt trainieren Sie, die gesamte Mundpartie dauerhaft zu glätten. Erinnern Sie sich zum Einstieg an Übung Nr. 11 und die Art, wie Sie lernten, Luft gegen Ihre Wangen zu pressen.

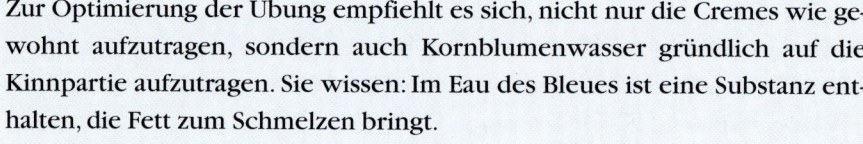

1 In der jetzigen Übung pressen Sie Luft unter Ihre Unterlippe. Diesen Druck halten Sie 15 Sekunden lang an.

2 Dann pressen Sie Luft in die Gegend zwischen Ober-lippe und Nase und halten ebenfalls 15 Sekunden lang den Druck.

3 Wiederholen Sie den Vorgang, recken Sie dabei jedoch Ihr Kinn hoch.

Zur Optimierung der Übung empfiehlt es sich, nicht nur die Cremes wie ge-wohnt aufzutragen, sondern auch Kornblumenwasser gründlich auf die Kinnpartie aufzutragen. Sie wissen: Im Eau des Bleues ist eine Substanz ent-halten, die Fett zum Schmelzen bringt.

Mit anderen Worten: Durch diese Übung, die stark gegen die Falten in der Mundgegend wirkt, können Sie gleichzeitig ein Doppelkinn zum Verschwin-den bringen. Verpassen Sie diese Chance nicht.

Vom heutigen Tag an sollten Sie stets die Luftdruckübungen, also auch die aus Übung Nr. 11, nacheinander üben. Männer können in diesem Teil des Trai-nings die Dauer auf 20 Sekunden steigern, ohne daß Schmerzen entstehen.

Merken Sie sich von dieser Übung:

Luft unter die Unterlippe pressen.

15 Sekunden lang anhalten.

Anschließend Luft zwischen Oberlippe und Nase pressen.

15 Sekunden lang anhalten.

Vorgang wiederholen, dabei das Kinn hochrecken.

17. ÜBUNG

GEGEN EINGEFALLENE WANGEN

Diese Übung ist für Männer nur von geringem Erfolg

ZIEL DER ÜBUNG

Beseitigung von eingefallenen Wangen. Die Falten an dieser Stelle sind nicht nur störend, sondern ein exponierter »Altmacher«.

BENÖTIGTE NÄHRSTOFFE

Regenwasser, Kakaobutter-Reinigungsmilch, Mincir-Creme, Rosengel, Ausgleichsöl

REZEPTUR DER NÄHRSTOFFE

Die Rezepturen der Nährstoffe sind bekannt.

DIE ÜBUNG

Die wichtigste Erkenntnis vorweg: Wenn Sie einen erschlafften Muskel straffen wollen, ist dies schneller möglich, als einen geschrumpften neu auszubilden. Die Übung Nr. 17 zeigt deshalb am spätesten sichtbare Erfolge. In den meisten Fällen sind die Hohlwangen mit all ihren häßlichen und besonders alt wirkenden Falten durch starken Muskelschwund an dieser Gesichtsstelle entstanden.

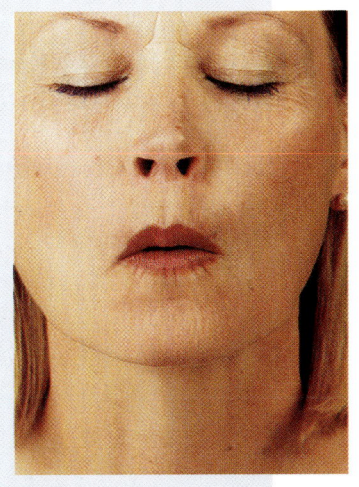

In der Regel dauert es vier Monate (!), bis Sie mit der Übung den gewünschten Erfolg erzielen.

1. Schließen Sie die Zähne. Diesmal nur leicht, nicht fest aufeinanderbeißen wie sonst.
2. Halten Sie die Lippen geschlossen, lächeln Sie aber dabei so breit wie möglich.
3. Versuchen Sie wieder, die Wangen wie beim Trompeten aufzublasen. Diese Technik ist Ihnen ja seit der letzten Übung bestens bekannt. Halten Sie den Druck zehn Sekunden.
4. Entspannen Sie sehr langsam die Wangenmuskeln.

Diese Übung ist derartig leicht, daß Sie eigentlich dabei nicht in den Spiegel zu schauen brauchen. Da die Wirkung erst sehr spät sichtbar ist, sollten Sie mehrmals am Tag üben, beispielsweise beim Autofahren, im Stau und ähnlichen Gelegenheiten.

Die letzte Woche der Gesichts-Übungen steht bevor. Sie haben mit Sicherheit schon große Erfolge und Ergebnisse in den letzten Wochen mit diesem Kurs erzielt. Übertragen Sie dies bereits jetzt mental auf die Antifaltenübungen für den ganzen Körper. Diese innere Vorbereitung ist von größter Wichtigkeit. Generell kann man sagen, daß die Antifaltenübungen im Gesicht weitaus schwieriger zu lernen sind als die Trainingseinheiten, die sich auf den Rest Ihres Körpers beziehen.

18. ÜBUNG
GEGEN WAAGERECHTE STIRNFALTEN
Männer üben zweimal täglich

ZIEL DER ÜBUNG
Beseitigung waagrechter Stirnfalten

BENÖTIGTE NÄHRSTOFFE
Regenwasser, Kakaobutter-Reinigungsmilch, Heilerde, Bienenwachs-Phytofolie, Ausgleichsöl

REZEPTUR DER NÄHRSTOFFE
Die Phytofolie aus Heilerde und Bienenwachs ist Ihnen als einziges Produkt nicht bekannt. Achten Sie auf eine genaue Zubereitung. Die Phytofolie eignet sich hervorragend, andere Rohstoffe unterzumischen, um etwaige dermatologische Probleme nebenwirkungsfrei lösen zu können.

200 g gereinigtes Bienenwachs wird auf 65 Grad erhitzt; sobald es sich auf 40 Grad abgekühlt hat, 50 g Heilerde sowie 2 g Gummi arabicum darunter-

rühren. Tragen Sie diese Masse, wenn sie auf 38 Grad abgekühlt ist, jeweils auf die zu behandelnde Hautpartie auf, bei dieser Übung also auf die Stirn – allerdings nach dem Training, niemals während des Trainings!

Sobald die Masse erkaltet, also ab etwa 25 Grad, haben Sie die Stirnfläche ruhig gestellt, sie kann keine Falten werfen. Ideal ist es, die Folie aus Heilerde, Gummi arabicum und Bienenwachs möglichst eine Stunde auf der Haut zu lassen. Dann wird sie mit Regenwasser, Luffa-Schwamm und der Reinigungsmilch abgetragen. Wie schon angedeutet, eignet sich die Phytofolie, andere Produkte unterzumischen; beispielsweise Propolis und Teatree-Öl, wenn Sie viele Pickel haben. Doch dies greift bereits den Ausführungen des Kapitels über die Herstellung der Antifalten-Naturkosmetik vor.

Diese Folie können Sie nicht nur bei Stirnfalten einsetzen, sondern auch am Hals, am Busenansatz und anderen Körperpartien. Selbst wenn Sie Besenreißer entfernen wollen, zeigt sie Wirkung. Ihr Doppeleffekt: Sie stellt die Haut nicht nur zeitweilig ruhig, was für die Faltenbekämpfung ausschlaggebend ist, sie bietet auch die Möglichkeit, verschiedene Wirkstoffe in gewünschter Dauer dosiert in die Haut einwirken zu lassen.

Einen Nachteil hat sie jedoch: Die Phytofolie darf nur einmal verwendet werden. Es ist nicht möglich, sie von der Haut zu entfernen und später wieder aufzuwärmen. Der Grund: Die anfangs warme Folie saugt fast alle Umweltgifte und andere Verschmutzungen aus den Poren. Diese sind also in konzentrierter Form in der abgetragenen Folie enthalten.

In harmlosen Fällen bilden diese Umweltgifte bereits nach wenigen Stunden in der Wachsmaske Schimmelpilze aus; häufige, jedoch ernst zu nehmende Krankheitserreger. Deshalb ist eine Mehrfachverwendung aus gesundheitlichen und hygienischen Gründen ausgeschlossen.

DIE ÜBUNG

1. Schauen Sie gerade in den Spiegel und stellen Sie dabei fest, wo sich Ihre stärkste waagerechte Stirnfalte befindet.
2. Oberhalb dieser Falte legen Sie nun eine Ihrer Hände flach auf die Stirn und drücken sanft dagegen.
3. Dann nehmen Sie Ihre zweite Hand, legen sie über die erste und verstärken den Druck.
4. Nun schieben Sie die Hände dabei etwas nach oben. Damit schieben Sie Ihre Stirnhaut hoch: 15 Sekunden lang.

5 Gegen die so aufgebaute Kontrakraft ziehen Sie Ihre Augen senkrecht nach unten. Achten Sie darauf, daß Sie auch tatsächlich senkrecht nach unten ziehen, da sonst eine Falte zwischen den Brauen entstehen könnte.

6 Sie unterstützen diesen senkrechten Gegenzug nach unten, indem Sie die Augenlider schließen und die Blickrichtung ebenfalls nach unten senken: Zehn Sekunden lang.

7 Entspannen Sie danach zunächst die Stirn, dann die Hände lockern und wieder die Augen öffnen. Wenn Sie jetzt mit den Händen sanft über die Stirn streichen, ist die Übung auch mental richtig abgeschlossen.

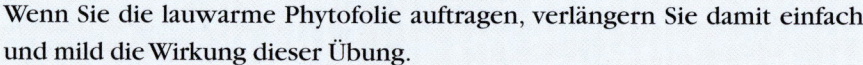

8 Sobald dieser mentale Abschluß vorhanden ist, wenden Sie die Phytofolie an. Ein Blick in den Spiegel wird Ihnen verraten, daß sich die Faltentiefe durch die gerade ausgeführte Übung minimiert hat. Sie würde aber rasch wieder ihre alte Tiefe zurückgewinnen, wenn jetzt nichts weiter erfolgen würde.

Wenn Sie die lauwarme Phytofolie auftragen, verlängern Sie damit einfach und mild die Wirkung dieser Übung.

Schutz vor Sonnenstrahlen

Was Sie bei dieser Übung und selbstverständlich bei allen anderen Übungen auf keinen Fall machen dürfen, ist, sich irgendeine synthetische Sonnencreme oder Milch ins Gesicht zu schmieren.

Sicher ist die Gefahr des Sonnenbrandes oder die des Hautkrebses durch Ozon heutzutage sehr groß. Mit synthetischen Cremes oder Lotions schädigen Sie jedoch nachweislich die Haut. Sobald Sie einmal mit den Erdölderivaten die Poren der Haut verstopft haben, geben Sie die entsprechenden Hautzellen dem Erstickungstod preis.

Eine Rezeptur für ein gutes Sonnenöl ohne schädliche Nebenwirkungen:

25 ml Haselnußöl und 20 ml Olivenöl mit 6 ml Karottenöl 3 Minuten lang schnell verrühren und im Bedarfsfall reichlich auf die Haut auftragen.

Nach dem Sonnenbad und auch bei einem Sonnenbrand benutzen Sie diese Rezeptur: 25 ml Johanniskrautöl, 25 ml Aloe-Vera-Öl und 10 ml reines, natürliches

Vitamin-E-Öl verquirlen mit 5 ml Lavendelöl, 2 ml Schafgarbenöl und 2 ml Ylang-Ylang-Öl.

Noch ein Hinweis: Mittlerweile schützen sich viele Verbraucher gegen Insektenstiche mit ätherischen Ölen und nicht mehr mit »Chemie«. Gewarnt sei jedoch vor dem Öl der Zitronelle, das zwar Insekten vertreibt, aber Lichtflecken auf der Haut bilden kann. Dies ist generell von allen ätherischen Zitrusölen zu sagen.

19. ÜBUNG
GEGEN SENKRECHTE FALTEN ZWISCHEN DEN BRAUEN

Männer üben viermal pro Tag in den ersten zwei Monaten des Trainings

ZIEL DER ÜBUNG

Beseitigung der senkrechten Falten, die zwischen den Brauen hin zur Nasenwurzel verlaufen. Damit sie aber nicht wiederkommen, sollte diese Übung später wenigstens dreimal pro Woche sehr gewissenhaft ausgeführt werden.

BENÖTIGTE NÄHRSTOFFE

Regenwasser, Kakaobutter-Reinigungsmilch, Heilerde, Bienenwachs-Phytofolie, Ausgleichsöl

REZEPTUR DER NÄHRSTOFFE

Alle Hautnahrungsprodukte sind Ihnen bekannt.

Auch bei dieser Trainingseinheit bewährt sich wieder ganz ausgezeichnet die Phytofolie. Wird sie nach dem Training in der angesprochenen Problemzone aufgetragen und stellt man so diesen Hautteil etwa zehn Minuten lang zusätzlich ruhig, verschwinden die senkrechten Falten zwischen den Brauen in knapp vierzehn Tagen.

Aber Achtung: Diese Falten können sich durch falsche Mimik sehr schnell zurückbilden. Vernachlässigen Sie deshalb auch dann, wenn sie verschwunden sind, nicht das Gegen-Training.

DIE ÜBUNG

1 Entspannen Sie Ihre Stirn, dann spreizen Sie mit Zeige- und Mittelfinger die Faltenstelle zwischen den Brauen soweit, daß sich die Haut glättet.

2 Nehmen Sie mit der anderen Hand eine Zwei-D-Mark-Münze und pressen diese fest auf die Faltenstelle. Sobald Sie genügend Druck erzeugen, nehmen Sie Mittelfinger und Zeigefinger der anderen Hand weg.

3 Verstärken Sie jetzt den Druck mit der Münze gegen die Falten und versuchen Sie gleichzeitig, die Falte wieder zu bilden, also gegen den Druck zu ziehen. Richtig führen Sie dann die Übung aus, wenn Sie nur die Stirn zusammenziehen, keinesfalls aber dabei die Augen zusammenkneifen.

4 Lassen Sie diese Kontrakraft 15 Sekunden lang einwirken, dann entspannen Sie die Muskeln wieder, lösen den Druck sanft und nehmen die Münze weg.

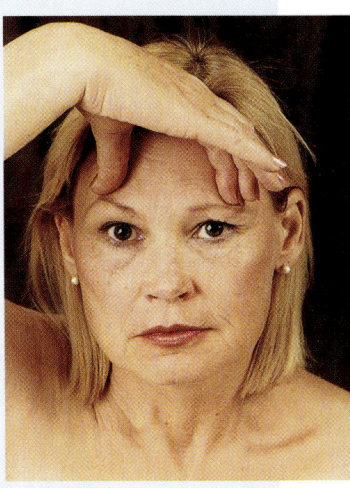

Ihr individuelles Trainingsprogramm

Bis auf eine Übung haben Sie nun alle Antifaltentrainingseinheiten für das Gesicht gelernt. Fünf Tage einer Woche sind damit ausgefüllt, was ist mit dem sechsten?

An diesem Tag konzentrieren Sie sich während der vierwöchigen Lernzeit auf die Übungen, die Ihre Falten am Hals, am Décolleté, und am restlichen Körper minimieren.

Jetzt ist es aber auch an der Zeit, daß Sie Ihr individuelles, nur auf Sie selbst abgestimmtes Trainingsprogramm zusammenstellen, das Sie dann später ständig, sozusagen als Hauptbestandteil Ihrer Körperpflege, durchführen.

So gehen Sie vor: Schauen Sie in Ihr Gesicht und notieren sich dann Ihre Gesichtsfalten, geordnet nach ihrer Auffälligkeit. Das heißt also, die Falten, die für Sie am häßlichsten wirken, kommen an erster Stelle, dann folgen die weniger wichtigen. Dieser Kurs unterscheidet zwanzig Übungen für das Gesicht. Teilen Sie die Trainingseinheiten in vier Gruppen zu je fünf Übungen auf:

Die ersten fünf der Ihnen am wichtigsten scheinenden Falten setzen Sie für die Zukunft tagtäglich auf Ihren Trainingsplan. Die Problemfalten von der 6. bis zur

10. Stelle arbeiten Sie dreimal wöchentlich ein, die von Platz 11 bis 15 zweimal und von Platz 16 bis 20 einmal pro Woche.

Alle Körperübungen müssen täglich durchgeführt werden, da mit ihnen zum Teil eine konstante Entgiftung des Körpers verbunden ist, die nicht oft genug ausgeführt werden kann. Eine Mustertabelle für ein Trainingsprogramm finden Sie am Schluß des Buches. Ihr persönlicher Übungsplan kann sich jedoch völlig von diesem Beispiel unterscheiden.

Merken Sie sich von dieser Übung:

Mund öffnen, Abstand zwischen den Schneidezähnen oben und unten sollte ca. 2 Zentimeter betragen, Lippen entspannt halten.

Lippen langsam, ohne dabei den Kiefer zu bewegen, zu schließen versuchen. Abstand zwischen den oberen Schneidezähnen zu den unteren beibehalten.

Zwischen Ober- und Unterlippe entsteht ein schmaler Spalt, Lippen lassen sich nicht ganz schließen. Für ca. 20 Sekunden fortfahren, in Gedanken ein »A« formen. Konzentration auf die Muskelspannung.

Haltung lockern und Übung beenden, indem Sie mit den Lippen ein »O« formen.

---

20. ÜBUNG
GEGEN FALTEN ZWISCHEN MUND UND NASE
Diese Übung haben Männer nur in sehr seltenen Fällen nötig

ZIEL DER ÜBUNG
Gesamtanspannung des Gesichts, Korrektur häßlicher Mundwinkel, Faltenbeseitigung auf der Oberlippe

BENÖTIGTE NÄHRSTOFFE
Regenwasser, Kakaobutter-Reinigungsmilch, Mincir-Creme, Rosengel, Ausgleichsöl

REZEPTUR DER NÄHRSTOFFE
Die Rezeptur der Nährstoffe ist bekannt. Variationen dieser Rezepte für eine gleichzeitige Beseitigung anderer »Schönheitsfehler« lernen Sie in dem Kapitel über die Herstellung der Antifalten-Naturkosmetik.

DIE ÜBUNG

1 Öffnen Sie Ihren Mund soweit, bis ein Abstand von zwei Zentimetern zwischen den oberen und unteren Schneidezähnen besteht. Ihre Lippen sind völlig entspannt, neigen zu keiner Bewegung.
Wenn es Ihnen nicht möglich ist, sagen Sie einfach halblaut »A«, dadurch entsteht genau die richtige Lippenstellung.

2 Versuchen Sie jetzt ganz langsam, Ihre Lippen zu schließen. Die Schwierigkeit dabei: Sie dürfen auf keinen Fall den Kiefer bewegen. Der Abstand zwischen den unteren und oberen Schneidezähnen muß weiter zwei Zentimeter betragen.

3 Sie werden feststellen, daß es nicht möglich ist, die Lippen zu schließen. Es entsteht ein schmaler Spalt zwischen Ober- und Unterlippe. Setzen Sie Ihr Bemühen 20 Sekunden lang fort. »Sprechen« Sie in Gedanken immer den Buchstaben »A«. Konzentrieren Sie sich aber auch gleichzeitig ganz auf die Muskelspannung, die bei dieser Übung entsteht.

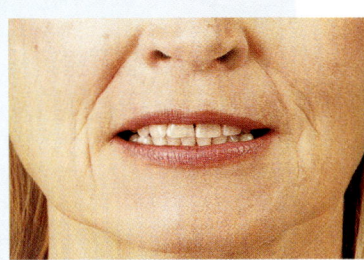

4 Lockern und beenden Sie diese Übung, indem Sie mit den Lippen ein »O« formen.

Warum, so fragen die meisten Kursabsolventen an dieser Stelle immer, wird denn die Mincir-Creme, also die gegen Fettpölsterchen, und nicht die Phytofolie bei diesem Trainingsabschnitt verwendet.

Die Lösung ist recht einfach: Nirgendwo im Gesicht sind die Fettpölsterchen besser getarnt, als auf der Oberlippe. Ganz erstaunlich, wieviel jugendlicher man wirkt, wenn sich dort nicht mehr alles »plustert«. Überzeugen Sie sich selbst! Mit den 20 Übungen, die Sie bislang in diesem Kurs gelernt haben, sind Sie schon ein perfekter Antifalten-Profi geworden. Für viele Fauen ist es jedoch höchst unbefriedigend, wenn sie zwar in wenigen Wochen wieder ein sehr jugendliches und schönes Gesicht haben, der Rest Ihres Körpers dem aber nicht entspricht. Faltenfrei – das darf sich eben nicht nur auf das Gesicht beziehen. Faltenfrei heißt auch, daß Ihre Haut wieder ihre ursprüngliche Spannkraft zurückgewonnen hat. Und zwar überall: am Hals, am Körper, letztendlich auch in der Seele. Wird diese Sprungkraft nicht regelmäßig trainiert, so wie Sie es bislang für das Gesicht gelernt haben, dann welkt die Haut und wird faltenreich. Dagegen hilft nur konsequentes Üben mit dem Antifalten-Training.

BLICKFANG DÉCOLLETÉ: STRAFFE HAUT FÜR HALS UND BUSEN

Während das Gesicht ständig im Blickpunkt steht, und damit auch alle Schönheitsfehler, bleiben Falten am Hals und Décolleté meist verdeckt. Doch in der warmen Jahreszeit werden auch in diesen Bereichen die Falten »gelüftet«. Ursachen faltiger Haut an Hals und Busenansatz können nicht nur altersbedingt sein, auch durch Fehlverhalten altert die Haut schneller.

Halsfalten *Anzeichen organischer Störungen*

Energetische Gymnastik *Auf den Punkt gebracht*

Faltenfreies Décolleté *Positive Nebenwirkungen inklusive*

1. ÜBUNG

SCHLUSS MIT DEM TRUTHAHNHALS

Männer sind mehr betroffen als Frauen

ZIEL DER MAßNAHMEN ALLGEMEIN

Beseitigung von Halsfalten durch Bekämpfung ihrer Ursache

BENÖTIGTE NÄHRSTOFFE

Regenwasser, Kakaobutter-Reinigungsmilch, Mincir-Creme, Heilerde, Bienen-wachs-Phytofolie, Ausgleichsöl

DIE SITUATION

Kein Mann will es wahrhaben, aber es ist eine Tatsache: Männerhälse werden schneller faltig als Frauenhälse. Darüber hinaus erinnern faltige Männerhälse in ihrem Aussehen denen von Truthähnen.

Frühzeitige Halsfalten beruhen in den meisten Fällen auf organische Fehlsteue-rungen. Diese treten bei Männer häufiger auf als bei Frauen. Und: Halsfalten werden in der Regel viel zu spät entdeckt. Das liegt daran, daß der Hals im Schatten des Gesichts liegt, das Gesicht vorrangig ins Auge fällt.

Anders ist es bei Frauen natürlich dann, wenn sie ein großzügiges Décolleté zei-gen. Dann werden Hals und Busenansatz zum Blickfang, das Alter ist so schnell entlarvt.

Falls Organschäden ausnahmsweise einmal nicht die Ursache von Halsfalten sein sollten, haben meist Verhaltensfehler der Betroffenen die Falten hervor-gerufen.

ORGANISCHE URSACHEN

Tiefe Halsfalten weisen auf eine Fehlsteuerung der Organe hin, meist auch auf ein geschwächtes Abwehrsystem. Das Rauchen ist ein exponierter Feind jeder Schönheit. Der Alkohol natürlich auch, aber Nikotin schadet mehr.

Rauchen entzieht dem Körper Vitamin C sowie das Provitamin A und beein-trächtigt die Funktion der Leber. Sobald die Leber die durch die Nahrung aufge-nommenen Fette nicht mehr verarbeiten kann, kommt es zu einer Kettenreak-tion. Es entstehen schädliche Stoffe, die sogenannten freien Radikale, die den Abbau der Giftstoffe im Körper verhindern.

Die dadurch hervorgerufenen tiefen Halsfalten kündigen sich rechtzeitig an, obwohl der Mensch kaum auf diese körperlichen Warnungen achtet. Erste Anzeichen dafür sind Halsringe, Altersflecken und dann die tiefen Falten.

Die freien Radikale lassen sich durch sogenannte Antioxidantien besiegen, die man auch Radikalenfänger nennt. Antioxidantien sind die Vitamine C, A, E, Beta-Carotin, das Spurenelement Selen sowie einige schwefelhaltige Aminosäuren.

Regelrecht töricht wäre es jetzt, zur nächsten Packung Multivitamintabletten zu greifen. Machen Sie sich besser die Mühe, die genannten Vitamine und Mineralien durch entsprechende Nahrungsaufnahme Ihrem Körper zu bieten.

Der Grund: Nicht nur das Beispiel »Rauchen« verursacht Halsfalten, sondern auch eine falsche, unausgewogene Ernährung – besonders nach der Vollendung des 30. Lebensjahres.

Wenn Sie also zwei Ursachen der Halsfalten mit einer Aktion beseitigen wollen, dann verschaffen Sie sich die Vitamine, Mineralien und Spurenelemente, die Ihr Körper braucht, durch eine sinngemäße Nahrung. Rezepte finden Sie im »Entgiftungskapitel«.

Noch bedenklicher ist es, wenn Ihr Hals einmal dick, nach ein paar Wochen wieder dünn ist und nach einem weiteren Monat wieder dick. Solche Symptome gelten als typische Zeichen dafür, daß Ihre Schilddrüse nicht richtig arbeitet. Mal zuviel, mal zu wenig. Logisch, daß Ihre Haut an der Halspartie dabei zur Ziehharmonika wird, Falten wirft. Eine etwaige Überfunktion Ihrer Schilddrüse können Sie auch noch an hervortretenden Augen oder stark vergrößerten Pupillen erkennen.

Fehlverhalten als Ursache für Halsfalten

Der normale Alterungsprozeß, der ja schließlich auch Falten hervorruft, fällt bei der Faltenbildung am Hals als Ursache kaum ins Gewicht. Vielmehr ist es das Fehlverhalten der Betroffenen selbst, durch das ebenso eine ganze Reihe von sehr häßlichen Falten ausgelöst werden können. Vor allem das Schlafen auf dicken Kopfkissen erzeugt häßliche Halsfalten. Wenn Sie beim Lesen und Schreiben nicht aufrecht sitzen, vielleicht sogar das Kinn gegen Ihre Brust drücken, produzieren Sie sozusagen vorsätzlich Halsfalten. Achten Sie also darauf, daß Sie diese Fehler vermeiden und systematisch sich abgewöhnen.

DIE ÜBUNG

In der Urmedizin, von den Therapien der Chinesen bis hin zu den Heilmethoden der Indianer gibt es einen sehr probaten Weg, Schilddrüsenstörungen positiv zu beeinflussen. Er ist garantiert ohne Nebenwirkungen, zudem strafft er zügig die Haut in dieser Problemzone.

1. Denken Sie sich eine punktierte Linie rechts und links Ihres Kehlkopfes von jeweils etwa fünf Zentimeter Länge; auf jeder Seite zirca acht Punkte.

2. Drücken Sie mit der Kuppe des Mittelfingers an einem Tag entlang der gedachten Linie auf der rechten Seite jeden dieser Punkte nacheinander zehnmal.

3. Wiederholen Sie diese Übung am nächsten Tag auf der anderen Seite.

Da Sie ja nur sechs Tage in der Woche das Antifaltentraining durchführen, können Sie also genau dreimal pro Woche diese Übung ausführen. Dies sollten Sie auch dann tun, wenn Sie nicht akut an Schilddrüsenbeschwerden leiden, da diese Übung eine der besten Prophylaxen gegen Störungen der Drüse ist. Jeweils nach diesen Übungen tragen Sie erst die Mincir-Creme, dann die Phytofolie auf. Versuchen Sie die Phytofolie, der Sie diesmal etwa 10 ml naturreines Vitamin-E-Öl unterrühren, so lange wie möglich auf der Haut zu belassen.

Merken Sie sich von dieser Übung:

Punktierte Linie links und rechts des Kehlkopfes
mental vorstellen.
Mit der Kuppe des Mittelfingers entlang der gedachten Linie
auf die einzelnen Punkte jeweils zehnmal drücken.
Übungen am Folgetag mit der anderen Seite wiederholen.
Übung möglichst dreimal wöchentlich ausführen.

2. ÜBUNG

ENERGETISCHE GYMNASTIK

Hautfalten, somit auch diejenigen am Hals, können erfolgreich mit einer Übung aus der energetischen Gymnastik behandelt werden

DIE ÜBUNG

1. Energetisieren Sie drei Minuten lang den sogenannten »Palmpunkt« Ihrer beiden Handinnenflächen durch Reiben mit der Fingerkuppe des jeweiligen Mittelfingers.

   Der Palmpunkt ist der Mittelpunkt Ihrer Handinnenfläche. Mit der Energie dieses Punktes funktioniert übrigens die Heilung durch Handauflegen bei den karibischen Schamanen.

2. Dehnen Sie Ihre Mundwinkel so weit wie nur irgend möglich. Im Spiegel müssen Sie sehen können, wie die Sehnen und Halsmuskel äußerst angespannt sind.

3. Legen Sie mit Ausnahme des Daumens und des kleinen Fingers die Kuppen Ihrer anderen Finger sanft rechts und links an den Kehlkopf. Reiben Sie mit den Fingerkuppen von hier aus die Haut am Hals waagerecht nach hinten. Wenn Sie ein leichtes Kribbeln im Palmpunkt Ihrer Haut verspüren, was übrigens erst ab dem zehnten oder 15. Training passieren wird, haben Sie richtig Energie aufgeladen.

4. Wiederholen Sie diese Bewegung 20-mal.

Diese Übungen erscheinen nur auf dem ersten Blick einfach. Ihre Wirkung ist vielmehr von starker Intensität. Bei richtigem Training und dementsprechenden sichtbaren Erfolg ist es kaum nachzuvollziehen, warum es immer wieder Menschen gibt, die sich die Hautfalten durch eine auf jeden Fall mit negativen Nebenwirkungen belasteten Operation entfernen lassen.

Ein faltiger Hals muß nicht sein, das beweist dieses Kapitel. Der Zeitaufwand ist sehr gering. Daß dabei auch noch eine Normalisierung der Schilddrüsenfunktion erzielt wird, ist eine weitere positive Begleiterscheinung.

3. ÜBUNG

FÜR EIN FALTENFREIES DÉCOLLETÉ

Es wäre unlogisch, die Falten des Halses zu behandeln und dann die Behandlung des Décolletés und des Busens auszuklammern. Hauterschlaffungen in diesen Zonen wirken besonders häßlich.

Einleitend ein Vergleich: Fast neunzig Prozent der weiblichen negroiden sowie der weiblichen europäischen Bevölkerung leidet ab dem vierzigsten Lebensjahr an Alterserscheinungen im Décolleté-Bereich und am Busen. Knapp 80 Prozent der weiblichen indianischen sowie der weiblichen asiatischen Bevölkerung leidet daran nicht. Und rund 100 Prozent der weiblichen Bevölkerung, die in sehr kalten Zonen leben – Antarktis und Arktis –, kennt überhaupt keine Erschlaffung in dieser Körperzone!

Dies kann nicht genetisch bedingt sein, sondern liegt jeweils am Verhalten der Betroffenen. Betrachtet man diese Frage vom ethnologischen Standpunkt aus weiter, so entdeckt man schon bald, was die Frauen mit faltenfreiem Décolleté und straffem Busen gemeinsam haben:

Diese Frauen führen bestimmte Bewegungen aus, die in dieser Körperzone gewebestärkend wirken: bei den Indianerinnen und Eskimofrauen beispielsweise Fruchtbarkeitstänze, bei den Mayas Tempeltänze oder bei den Asiatinnen Energie-Gymnastik, die den verschiedensten Yoga-Formen entlehnt ist.

Sie mit der Welt dieser Bewegungen vertraut zu machen, soll nicht Aufgabe dieses Kurses sein, wohl aber, Ihnen komprimiert die Körperbewegungen aufzuzeigen, was zur Hautstraffung und Faltenminimierung führt.

DIE ÜBUNG

Die Übung wirkt auf dem ersten Blick recht einfach, oftmals überlegen Kursteilnehmerinnen auch, was sie überhaupt mit der Hautstraffung am Busen und im Décolleté-Bereich zu tun haben soll, spätestens jedoch nach der vierten Anwendung sind alle Zweifel beseitigt. Doch überzeugen Sie sich selbst:

1 Sie sitzen diesmal nicht mehr vor dem Spiegel, sondern legen sich bäuchlings auf den Boden.

2 Die Unterarme halten Sie gerade und schulterbreit auseinander und parallel gerade nach vorn gestreckt. Ihre Handflächen pressen sich dabei flach auf den Boden.

Achten Sie strikt darauf, daß Unterarme, Ellbogen und Handflächen während der gesamten Übung diesen Bodenkontakt haben.

3 Recken Sie Brust und Kopf empor. Atmen Sie dabei völlig normal. Lassen Sie Ihre Beine völlig locker und normal liegen. Versuchen Sie, mit den Armen einen leichten Druck nach unten auszuüben.

4 Bleiben Sie 15 Sekunden lang in dieser Haltung.

5 Versuchen Sie dabei, mental völlig entspannt zu sein. Wenden Sie den Kopf nach hinten, um 15 Sekunden lang auf Ihre rechte Ferse zu schauen.

6 Wenden Sie den Kopf zur anderen Seite und blicken 15 Sekunden lang auf Ihre linke Ferse.

7 Beenden Sie die Übung, indem Sie Kopf und Oberkörper senken, die Anspannung aus den Armen nehmen.

Sobald Sie diese Übung in Ihr Gesamtprogramm eingebaut haben, wiederholen Sie täglich den gesamten Bewegungsablauf verstreut zwischen anderen Übungen jeweils siebenmal.

Diese Übung hat äußerst positive Nebenwirkungen, weswegen sie nicht oft genug ausgeführt werden kann. Sie stammt aus der Energie-Gymnastik und beseitigt im Laufe der Zeit, nach etwa sechswöchigem Training, alle Gelenkbeschwerden der oberen Gliedmaßen.

Falls Sie unter Tennisarm, Arthritis und Bursitis leiden, sind Sie von diesen gesundheitlichen Problemen nach nur vierwöchiger Trainingszeit restlos befreit. Abgesehen einmal von der hervorragenden Hautstraffung Ihres gesamten Oberkörpers.

REZEPTUR DER BUSENEMULSION

Viele Absolventinnen dieses Antifaltenkurs behaupten, ihr Busen würde bei diesen Übungen nicht nur gefestigt, gestrafft, sondern auch vergrößert. Besonders dann, wenn Sie vor den Übungen noch eine bestimmte Emulsion auf die angesprochenen Hautpartien auftragen. Hier die Rezeptur der vielgerühmten Busenemulsion:

Erhitzen Sie 60 g Tegomulus mit 75 g Jojobaöl und 75 g Aprikosenöl auf 65 Grad Celsius; ebenso 525 g Rosenwasser zusammen mit 525 g Kornblumenwasser und mischen diese Flüssigkeiten mit der Fettmasse. Lassen Sie alles auf 38 Grad unter ständigem Rühren abkühlen. Dann geben Sie 15 ml Aloe-Vera-10-fach Extrakt, 15 ml Kakteenextrakt sowie 10 ml Meristemextrakt dazu, und konservieren die Masse mit 20 ml Orchideenextrakt (Conarom).

Geben Sie diese Emulsion immer vor dem Training großzügig auf die Hautpartie, lassen Sie sie erst fünf Minuten einwirken, bevor Sie mit dem Training beginnen. Es ist eine Frage der Kosten, ob Sie in die Emulsion beim Erkalten noch 5 ml Phytohormone und 3 ml Gummi arabicum einrühren wollen. Die Wirkung der Emulsion wird durch diese Zusätze zwar noch entscheidend gesteigert und optimiert, Phytohormone sind aber derzeit noch sehr sehr teuer.

DER FRUST MIT DER FALTE. FALTEN AM KÖRPER

Eine falsche Ernährung zeigt sich nicht nur in der Körperfülle, sondern auch in der Beschaffenheit der Haut. Diäten mit wechselhalftem Erfolg produzieren Frustgefühle und Falten. Umweltgifte hinterlassen nicht nur im Körperinneren, sondern auch äußerlich Spuren. Und für viele stellen Körperfalten ein ästhetisches Problem dar – alles andere als positiv für Gesundheit und Selbstbewußtsein.

Energie-Moving *Rückenschmerzen und Falten*

Ernährungsplan *Pfunde weg – Falten weg*

Problemzonen *Mit Rettungsringen untergehen*

RÜCKENSCHMERZEN – HEMMNIS FÜR IHREN ERFOLG

Bevor Sie sich nun der Faltenbekämpfung am übrigen Körper zuwenden, noch einige wichtige Informationen:

Ihre Haut benötigt, wie bereits erwähnt, Kollagene, um straff zu bleiben. Produziert Ihr Körper keine Kollagene mehr oder nur in ungenügender Weise, kommt es zu einer starken Faltenbildung. Zudem stellt Ihr Körper sofort die Kollagenbildung ein, wenn Sie Rückenschmerzen haben. Und darunter leiden Millionen von Frauen aus den verschiedensten Gründen:

Rückenschmerzen als Ursache für Falten

Neigt Ihre Haut generell zur Faltenbildung, dann werden Sie sicher von starken Rückenschmerzen geplagt, die aus den verschiedensten Gründen entstehen. Diese Schmerzen verhindern die Bildung von körpereigenem Kollagen. Sobald Ihr Körper diese nicht mehr im ausreichenden Maße bilden kann, entstehen schnell sehr viele Falten.

Die Übungen des Antifaltentrainings sind nur für einen relativ gesunden Körper gedacht. Abweichungen davon werden Ihnen aufgezeichnet, damit Sie stets die Möglichkeit haben, nicht nur das Ergebnis verschiedener körperlicher Mißstände, nämlich die Falten von außen zu bekämpfen, sondern auch innerlich gegen die Ursachen dieser Faltenbildung anzugehen.

Doktor Flavio Caesar Gomez, einer der berühmtesten Frauen- und Schönheitsärzte Mittelamerikas, entwickelte eine Aromaessenzrezeptur gegen Rückenschmerzen, die durch Menstruationsstörungen ausgelöst werden – und damit auch gegen die Faltenbildung im Gesicht schlechthin:

Aromaessenz-Rezeptur gegen Rückenschmerzen

3-mal täglich auf einen Löffel Honig 2 Tropfen Kamille, 1 Tropfen Muskat, 1 Tropfen Lavendel und 1 Tropfen Zypresse einnehmen. Eine Anwendung sollte jedoch nur unter Aufsicht eines Naturheilarztes durchgeführt werden.

ENERGIE-MOVING GEGEN RÜCKENSCHMERZEN

Als Vorgriff auf das Energie-Moving, das teilweise Bestandteil dieses Kurs ist, lernen Sie jetzt eine einfache Bewegungsübung kennen, die geeignet ist, Rückenschmerzen einzudämmen. Sie hilft Ihnen, keine unnötigen Schmerztabletten zu nehmen und verhindert, daß die körpereigene Produktion von Kollagen zu lange unterbrochen wird.

Die Übung dient aber auf keinen Fall dazu, daß Sie einen notwendigen Arztbesuch verschieben, nur weil sie Ihnen die Schmerzen nimmt.

DIE ÜBUNG

1. Setzen Sie sich im Schneidersitz auf den Boden.
2. Prüfen Sie zunächst, auf welcher Seite des Rückens Sie die meisten Schmerzen haben. Falls dies die rechte Seite sein sollte, legen Sie den rechten Arm locker auf den rechten Oberschenkel. Falls der Schmerz links ist, verfahren Sie so mit Ihrem linken Arm. In dieser Übungsbeschreibung wird weiter davon ausgegangen, daß der Schmerz rechts sitzt.
3. Strecken Sie den linken Arm gerade aus, die Finger halten Sie dabei gestreckt, die Handflächen zeigen nach oben.
4. Blicken Sie unverwandt auf die Finger der linken Hand, während Sie bedächtig den Arm nach links drehen und ganz emporstrecken. Verlieren Sie nie den Blickkontakt zu den Fingern. Atmen Sie normal und heben den Arm so hoch, wie Sie können. Verweilen Sie so zehn Sekunden lang.
5. Führen Sie danach den Arm sehr langsam in die Ausgangsposition zurück.
6. Wiederholen Sie diesen Bewegungsablauf insgesamt 14-mal.

Vergessen Sie bei dieser Übung, die sehr schnell den Schmerz besiegt, niemals: Ihre Wirkung liegt in der Konzentration auf die Finger der ausgestreckten Hand.

Welcher Heilmethode diese Übung entstammt, läßt sich nicht eindeutig zuordnen:

Sie kommt in der Gesundheitslehre des Tao vor und wird beispielsweise von Dr. med Stephen T. Chang gelehrt. Genau so gut könnte ihr Ursprung im Thai-Chi liegen, denn auch Dr. Anagarika Mahanamo geht nach diesem Prinzip vor. Eine ganze Anzahl von Yoga-Lehrern beansprucht sie ebenfalls als ihr geistiges Gut, indische Yogi betreiben sie, Suffi lehren sie und auf den alten Tempelplatten der Maya in Belize ist sie sogar abgebildet.

Gesichtsfalten, sofern Sie denn jetzt noch überhaupt welche haben, stehen immer im Blickfeld. Körperfalten hingegen werden viel später wahrgenommen. Sie können nicht nur eine Belastung für zwischenmenschliche Beziehungen werden, sie beeinträchtigen sicherlich auch ihr gesundheitliches Wohlbefinden. Gibt es im Gesicht beispielsweise noch Lachfältchen, bei denen man sich von Fall zu Fall überlegen sollte, ob man sie überhaupt durch unseren Kurs beseitigt, so sind Körperfalten auf jeden Fall schlicht unschön.

Wenn Körperfalten beispielsweise aus Übergewicht entstanden sind, sollten Sie daran denken, daß jedes überflüssige Kilo Gewicht Ihr Leben verkürzt!

Falten am Körper sind also nur in zweiter Linie ein ästhetisches Problem, sie haben in erster Linie erhebliche gesundheitsgefährdende Bedeutung.

In diesem Lehrgang braucht kein ominöses Kloster mit einer Geheimlehre und Geheimübungen erfunden werden. Vielmehr können Sie auf die entsprechenden Bewegungsübungen der verschiedenen Kulturrichtungen zurückgreifen. Sie alle sind Teil der Ur- und Volksmedizin, jedem zugänglich, für alle nutzbar; auch ohne große Meditationsübungen oder Techniken, da diese letztendlich eine Frage der jeweiligen Mentalität sind.

Durch Saunieren werden die Poren der Haut zuerst geöffnet, aber der Lipidmantel empfindlich gestört. Deshalb anschließend unbedingt ein Hautausgleichsöl benutzen, da die Sauna ansonsten faltenbildend wirkt.

64

1. ÜBUNG

ENERGIE-MOVING FÜR DEN STOFFWECHSEL

Die Übungen gegen Körperfalten und für andere gesundheitliche Probleme werden in diesem Buch Energie-Moving genannt, weil sie so in der Napralert-Datenbank in Illinois seit 1953 gespeichert sind.

Falls Sie an Übergewicht leiden und bereits mehrfach eine Diät angewandt haben, sind Körperfalten die logische Folge. Um diese Falten sicher zu bekämpfen, muß erst einmal deren Ursache ausgeschaltet werden. Vergessen Sie also alle Diäten und Produkte zum Abnehmen. Sie helfen nur dem Hersteller, Ihnen aber nicht. Wenn Ihr Gewicht durch Diäten stark schwankt, produzieren Sie regelrecht Falten, denn so schnell kann sich die gewiß elastische Haut nicht immer den neuen Gegebenheiten anpassen. Nur wenn Sie stets langsam Ihr Übergewicht abbauen, vermeiden Sie Falten. Triumphbekundungen wie: »Ich habe in einer Woche fünf Kilo abgenommen«, sollten Sie stets hinzufügen: »Und fünfzig Körperfalten hinzugewonnen.«

Sie können Ihr Gewicht aber auch sanft reduzieren, so daß keine neuen Falten entstehen, wenn Sie folgendes Energie-Moving für den Stoffwechsel ausführen:

ERSTER TEIL DER ÜBUNG

1. Möglichst nur mit einem leichten Sportdress bekleidet, besser aber nackt, stellen Sie sich aufrecht und gerade an eine Zimmerwand. Ihre Fersen, Ihr Gesäß, die obere Rückenpartie und der Hinterkopf müssen dabei die Wand fest berühren; Sie drücken ihren Körper also dagegen.

2. Ziehen Sie extrem Ihren Bauch ein, atmen dabei durch die Nase, so daß sich Ihr Brustkorb möglichst viel weiten kann. Ihre Arme lassen Sie dabei herabhängen. Mental müssen Sie wahrnehmen, wie sich Ihre Schultern verbreitern und Sie sich gegen die Wand pressen. Bleiben Sie etwa zehn Sekunden in dieser Haltung.

3. Atmen Sie jetzt so schnell wie möglich und mit aller Kraft durch den Mund aus. Versuchen Sie dabei, die Luft förmlich aus den Lungen zu pressen und drücken Sie Ihren Bauch heraus. Falls Sie richtig vorgehen, strafft sich Ihr ganzer Körper während des Ausatmens.

4. Führen Sie diese Trainingseinheit täglich 15-mal hintereinander aus.

Wenn Sie diese Übung etwa eine Woche lang ausprobiert haben, sind für Sie die Erfolge offensichtlich: Die Bauchmuskulatur strafft sich und wird viel stärker. Dadurch minimieren sich die Falten an dieser Körperstelle. Darüber hinaus sehen Sie nach etwa einem Monat Training, wie der Körper Ihr überflüssiges Fett, Wasser und Gewebe abgebaut hat, ohne daß es dabei zu neuen Falten kam. Ihr Bauch beginnt zu schwinden.

Wenigstens zwei Wochen lang sollten Sie diese Übung tagtäglich anwenden, bevor Sie daran gehen, den zweiten Teil dieser Trainingseinheit auch zu erlernen.

ZWEITER TEIL DER ÜBUNG

1. Treten Sie zwei Schritte von der Wand weg, an der Sie den ersten Übungsteil absolvierten. Halten Sie sich aufrecht und versuchen Sie, mit den Fersen so weit vom Boden loszukommen, daß Sie auf den Zehenspitzen stehen.

2. Halten Sie dabei auf jeden Fall den Rücken weiter aufrecht gerade und beugen sich – immer noch auf den Zehenspitzen stehend – leicht in die Knie. Ihre Arme strecken Sie dabei locker in einem Winkel von etwa 45 Grad vom Körper weg.

3. Atmen Sie völlig gleichmäßig durch die Nase und verharren in dieser Haltung 20 Sekunden.

4. Richten Sie sich danach wieder gerade auf, rollen auf die Fersen zurück und entspannen sich völlig.

5. Führen Sie diese Übung 15-mal hintereinander aus, am besten abwechselnd mit dem ersten Teil dieser Trainingseinheit.

Es ist natürlich völlig klar, daß Sie es anfangs nicht schaffen, den Rücken aufrecht zu halten, während Sie gleichzeitig die Fersen hochnehmen. Doch keine Sorge, nach etwa einer Woche Übung sind Sie sogar in der Lage, bei völlig aufgerichteten Rücken die Fersen fast senkrecht und die Oberschenkel nahezu parallel zum Boden zu halten – so unwahrscheinlich Ihnen dies auch bei den ersten Versuchen mit dieser Trainingseinheit noch erscheinen mag.

Merken Sie sich von dieser Übung für den ersten Teil:

Gerade an eine Wand stellen; Gesäß, oberer Rücken und Hinterkopf
fest an die Wand drücken.
Bauch einziehen und durch die Nase atmen, Arme hängen herab.
Per Vorstellungskraft wahrnehmen, wie sich die Schultern verbreitern,
10 Sekunden in dieser Haltung verharren.
Schnell und kraftvoll durch den Mund ausatmen und dabei den Bauch
herausdrücken, so daß gesamter Körper beim Ausatmen gestrafft wird.
Übung 15mal täglich hintereinander ausführen.

Merken Sie sich von dieser Übung für den zweiten Teil:

Von der Wand lösen und in aufrechter Position auf Zehenspitzen stehen.
In dieser Haltung mit geradem Rücken leicht in Kniestellung gehen,
Arme locker vom Körper wegstrecken.
Gleichmäßig durch die Nase atmen und 20 Sekunden lang verharren.
Gerade aufrichten, auf die Fersen zurückrollen und entspannen.
Übung täglich 15-mal hintereinander ausführen.

Nun wird Sie sicher interessieren, warum denn diese beiden so einfach anmutenden Übungsteile so erfolgreich die Körperfalten beseitigen und gleichzeitig auch noch das Gewicht reduzieren.

Die Wirkung des ersten Teiles wurde ja bereits erwähnt. Der zweite Teil der Übung kräftigt und tonisiert Ihre Oberschenkel, Ihre Waden und Knöchel. Darüber hinaus stärkt sie enorm die Bauchmuskeln, verbessert gleichzeitig die Durchblutung der Beine und des Rumpfes. Hierdurch wird auch der Rücken gestärkt und das Nervensystem normalisiert.

7-TAGE-ERNÄHRUNGSPLAN

Den Effekt des Energie-Movings können Sie mit einer entsprechenden Nahrungsaufnahme noch unterstützen.

Das General-Hospital von Toronto hat sich mit der Problematik auseinandergesetzt und schlägt einen 7-Tage-Ernährungsplan vor, der Ihnen auf keinen Fall in diesem Zusammenhang vorenthalten werden soll:

BENÖTIGTE LEBENSMITTEL

3 große Zwiebeln
1 große Dose geschälte Tomaten
1 kleiner Weißkohl
2 Paprikaschoten
1 Bund Stangensellerie
4 Möhren
1 Päckchen Zwiebelsuppe

REZEPTUR DER GRUNDSUPPE

Schneiden Sie das Gemüse klein, geben es in einem 4-Liter-Topf und bedecken es mit Wasser; dann das Päckchen Zwiebelsuppe einstreuen und eine Stunde lang mäßig kochen lassen. Sie können zur Geschmacksverbesserung der Suppe auch noch etwas Sojasauce hinzufügen. Sooft Sie in der Anwendungswoche des Toronto-Plans Hunger verspüren, greifen Sie zu dieser Suppe, von der Sie essen dürfen, soviel Sie nur wollen.

Praktisch ist es, diese Suppe auf Vorrat zu kochen, sie einzufrieren und immer portionsweise aufzutauen, sobald Sie Hunger verspüren.

Aber: Kommen Sie niemals auf die Idee, diesen Ernährungsplan auszuführen, wenn Sie nicht gleichzeitig die beiden erlernten Übungen gegen die Körperfalten ausführen.- Sie würden sonst unweigerlich tiefe Körperfalten produzieren.

WOCHENPLAN DER TORONTO ERNÄHRUNG:

Montag

Essen Sie außer Bananen alle Früchte, die Sie mögen. Vorzugsweise Melonen. Die Menge bestimmen Sie selbst. Ebenso bei der Suppe. Sie sollten aber wenigstens einen Teller davon zu sich nehmen.

Dienstag

Essen Sie – mit Ausnahme von Erbsen und Mais – in jeder beliebigen Menge Gemüse. Vermeiden Sie an diesem Tag jeglichen Verzehr von Fett. Vergessen Sie nicht, auch einen Teller Gemüsesuppe zu verzehren.

Mittwoch

Essen Sie Früchte und Gemüse, was und soviel Sie mögen, mit Ausnahme von Bananen und Kartoffeln. Und natürlich die Suppe. Sobald Sie Hunger verspüren.

Donnerstag

Heute ist Ihr Bananen- und Milchtag. Essen Sie bis zu acht große Bananen und trinken bis zu acht Gläser 1,5 prozentige Milch. Von der Suppe können Sie ebenfalls soviel verzehren, wie Sie möchten. Falls Sie sich besonders glücklich an diesem Tag fühlen, liegt das an den Bananen. Sie enthalten Serotin, das Glückshormon.

Freitag

Rindfleisch und Tomaten stehen heute auf dem Speisezettel. Sie dürfen bis zu acht Tomaten und bis zu 350 g gegrilltes Rindfleisch essen. Selbstverständlich steht Ihnen auch heute von der Suppe wieder soviel zur Verfügung, wie Sie möchten.

Samstag

Heute gibt es Fleisch (Rindfleisch) und Gemüse (mit Ausnahme von Kartoffeln) soviel Sie möchten!

Damit keine Mißverständnisse aufkommen: Die Gemüsesorten werden alle in Wasser gekocht, keineswegs etwa in Butter gedünstet.

Während der beiden Fleischtage müssen Sie wenigstens acht Gläser Mineralwasser trinken, damit Ihr Körper nicht übersäuert wird.

Sonntag

Heute gibt es braunen Reis, Gemüse Ihrer Wahl und zuckerfreie Fruchtsäfte; zudem Suppe, soviel Sie möchten.

Tee und Kaffee dürfen Sie während der gesamten Woche übrigens ebenfalls trinken, soviel Sie möchten, allerdings ohne Milch und Zucker.

Keinesfalls dürfen Sie Brot verzehren. Dies ist zukünftig immer dann für Sie total tabu, wenn Sie Ihren Körper straffen wollen.

Kampf gegen die Problemzonen

»Ich habe keinen Bauch mehr, mein Gesicht ist straff, aber was ist mit meinen Rettungsringen um den Hüften und meinem hängenden Po«, haben sich schon viele Kursteilnehmer an dieser Stelle beschwert.

Keine Sorge, diese Problemzonen werden in diesem Trainingsabschnitt »besiegt«. Dazu benötigen Sie neben den Übungen auch Bäder und Packungen. Die einzelnen Rezepte erfahren Sie jedoch erst nach der Problem-zonen-Schulung. Der Grund: Es ergibt mehr Sinn, zunächst den gesamten Körper gegen die Faltenbildung einzustimmen und dann erst mit der Detailpflege zu beginnen.

Nur sanftes Stretching hilft gegen Falten. Hanteltraining dagegen wirkt faltenbildend.

2. ÜBUNG

GEGEN FALTEN AM PO

ZIEL DER ÜBUNG

Straffung des abgeschlafften Pos

DIE ÜBUNG

1 Sie stehen wie bei der Übung Nr. 1 gegen die Körperfalten an einer Wand und drücken Fersen, Po und Schultern dagegen.

2 Stellen Sie sich auf die Zehenspitzen, rücken Sie mit Po und Schultern wieder an die Wand und kneifen ganz fest Ihren Schließmuskel zusam-men. Richten Sie sich dabei gerade auf und verharren 15 Sekunden lang in dieser Haltung.

3 Zur Entspannung berühren zunächst Ihre Fersen wieder den Boden, dann erst lockern Sie den Schließmuskel.

Diese Übung müssen Sie tagtäglich etwa zehnmal ausführen, anfangs sogar 20-mal, falls Sie es durchhalten.

Deutliche Erfolge bei der Straffung Ihres Pos werden Sie nach etwa drei Wochen erkennen.

Nicht nur ein knackiger Po, eine andere Nebenwirkung dieser Übung wird Ihnen bestimmt genau so viel Freude machen. Bei einer regelmäßigen Anwendung bilden Sie eventuell bereits vorhandene Venenleiden erfolgreich zurück oder – was natürlich noch besser ist – falls diese noch nicht existieren, betreiben Sie eine Venenprophylaxe, die Sie vor diesem Massenleiden verschont.

Wer Angst hat, daß er bei dieser Übung vielleicht einen zu großen Po durch die Muskelneubildung bekommen kann, dem sei geraten, die Problemzone tagtäglich mit der Ihnen bekannten Mincir-Creme einzureiben.

3. ÜBUNG

GEGEN »RETTUNGSRINGE« AN DEN HÜFTEN

Frauen sind von diesem Schönheitsmakel ebenso häufig betroffen wie Männer

ZIEL DER ÜBUNG

Fettminimierung an den Hüften; Glättung der Falten in der Hüftgegend

Fett setzt sich gern auf den Hüftknochen ab. Sobald man es entdeckt, wird es meist schnell wegtrainiert, die Falten bleiben. Und es werden immer mehr, je öfter man den Hüftspeck wegtrainiert oder gar weggehungert hat.

Hierzulande geben die Verbraucher jährlich mehr als 100 Millionen Mark für Laxantien aus. Das ist die Fachbezeichnung für die Präparate aus der Apotheke, die als Abführmittel bezeichnet werden. Doch nicht etwa dafür werden diese Produkte in den meisten Fällen eingenommen, sondern um möglichst viel essen zu können und den Körper danach dazu zu zwingen, die Nahrung möglichst unverdaut wieder auszuscheiden.

Dies ist übrigens – neben der sogenannten Tiefenwärme – die gesundheitsschädlichste Form des Abnehmens. Zum Teil sind in den Abführmitteln aus der Apotheke Substanzen, die auch süchtig machen können.

Bevorzugen Sie also lieber die Suppe aus der Klinik von Toronto und den dazu gehörenden Speiseplan, um gefahrlos abzunehmen. Natürlich auch an den Hüften. Doch die bereits entstandenen Falten der Hüftgegend werden anders geglättet.

DIE ÜBUNG

1. Stellen Sie sich aufrecht mit fest durchgedrückten Knien hin, die Füße im Abstand von etwa dreißig Zentimeter auseinander. Lassen Sie zunächst die Arme gerade herunterhängen.

2. Jetzt straffen Sie die Finger der linken Hand und versuchen Sie mit durchgedrückten Knien so nahe an die Spitzen Ihres linken Fußes zu kommen. Wiederholen Sie die Übung zwölfmal.

3. Seitenwechsel und die Übung mit den Fingern der rechten Hand ausführen, zwölfmal hintereinander.

Optimieren können Sie den Erfolg der Übung mit folgenden Zusatzbehandlungen:

1. Tragen Sie nach der Übung die Heilerdepackungen auf diese Problemzone auf und lassen Sie sie solange wie möglich in die Haut beziehungsweise auf die Falten einwirken.

2. Gönnen Sie sich einmal täglich ein zwanzigminütiges Spezialbad für die Hautstraffung am gesamten Körper.

Merken Sie sich von dieser Übung:

Aufrecht mit durchgedrückten Knien hinstellen, Füße auseinanderstellen, Arme gerade runterhängen lassen.
Finger der linken Hand strecken und mit durchgedrückten Knien in Richtung der linken Fußspitze bewegen.
12-mal wiederholen, anschließend die Übung mit den rechten Fingern ausführen.

REZEPTUR FÜR DAS ANTIFALTEN-BAD

Fügen Sie auf 200 g Kornblumenwasser 12 g Rewoderm, 8 g Sanfteen, 160 g Hammamelisextrakt, 20 g Zetesol HT, 5 g Nutrilan und 2 g Citronellenextrakt. Verrühren Sie dies gründlich und fügen von dieser Mischung jeweils 30 ml in ein Vollbad.

ANWENDUNG

GEGEN FALTEN AN ELLENBOGEN UND KNIE

In 99 Prozent aller Fälle werden sie bei der Schönheitsbehandlung einfach übersehen. Um so unangenehmer fallen sie auf, wenn sie entdeckt werden. Gemeint sind Falten, die sich an den Ellenbogen und Knien bilden.
Ihnen beizukommen, sie zu beseitigen, gilt eigentlich als unmöglich. Doch es funktioniert.

1. STELLEN SIE FOLGENDE CREME HER:

40 g Tegomulus erwärmen Sie zusammen mit 150 g Olivenöl auf 65 Grad. Rühren Sie in diese Masse 350 g Hamamaliswasser, das ebenfalls auf 65 Grad erwärmt wurde ein. Beim Abkühlen, etwa dann, wenn die Masse nur noch 38 Grad Temperatur hat, fügen Sie hinzu: 10 g Olivenblätterextrakt, 20 g Aloe-Vera-10-fach Extrakt, 5 g Gummi arabicum.

DIE ANWENDUNG

Tragen Sie die erkaltete Masse jeweils auf die Problemzonen auf und sichern Sie die Stellen mit dem Bratenschlauch. Dies geht so:
Bevor Sie mit dem Auftragen der Creme an Ellenbogen oder Knien beginnen, schneiden Sie sich ein Stück Plastikbratenschlauch ab. Sobald Sie die Creme aufgetragen haben, stülpen Sie den Schlauch darüber und verschließen die Plastikfolie an beiden Enden entweder mit Tesafilm oder einem Pflaster rundherum luftdicht.
Diese Packung muß jeweils eine Nacht lang getragen werden. Die sehr problematische Behandlung von Falten an den Händen funktioniert ebenso nach diesem Prinzip, ist aber einfacher durchzuführen:
Statt des Plastikschlauches können Sie hier auf die dünnen Plastikhandschuhe zurückgreifen, die es für die Erste-Hilfe-Kästen für Autos gibt.
Tragen Sie die Aloe-Vera-Hand- und Körpercreme des obigen Rezeptes einfach sehr dick auf die Hände auf, stülpen Sie diese Plastikhandschuhe darüber und lassen Sie die Packung über Nacht wirken.
Da die Falten an diesen Problemzonen nicht erst gestern entstanden sind, sondern sich unaufhörlich über Jahre entwickelten, müssen sie dementsprechend intensiv behandelt werden. Die Packungen über Nacht anzuwenden, ist natürlich nur ein Ratschlag. Selbstverständlich können Sie sie auch immer dann anwenden, wenn Sie gerade allein und ungestört sind.

Ein Tip: Da der Verbrauch dieser Creme sehr hoch ist, erfahren Sie im Kapitel über die Herstellung der Pflegeprodukte, wie Sie preisgünstig an Aloe-Vera-Extrakt kommen.

GUT GEHÜTETES REZEPT AUS DER KARIBIK

Dieses Rezept für eine Straffungscreme wird von den Kariben nicht sehr oft verraten: Die Creme minimiert nicht nur Falten an Ellbogen und Kinn, sondern auch an den Füßen und Fersen.

Erhitzen Sie 20 g Lamecreme und 70 g Weizenkeimöl mit 10 g Kakaobutter auf 65 Grad. Rühren Sie in diese Flüssigkeit 200 ml Kornblumenwasser, das Sie ebenfalls auf 65 Grad erhitzt haben. In diese Masse geben Sie, sobald sie auf 38 Grad abgekühlt ist, 10 ml Kakteenextrakt und 10 ml Aloe-Vera-10-fach-Extrakt.

Diese Creme müssen Sie anfangs dreimal pro Tag auftragen. Nach etwa einem Monat genügt es, die Creme nur noch einmal täglich, am besten abends, aufzutragen. Sie dringt sehr schnell in die Haut ein.

Sobald Sie die Energie-Gymnastik zur Entgiftung erlernt haben, wird es überflüssig sein, diese Creme mehr als einmal wöchentlich zu benutzen, da sie faltenglättend auf diese Problemzonen wirkt.

WENN DIE UMWELT ALT MACHT: ERFOLG DURCH ENTGIFTUNG

Wenn Ihre Zellen mit Umweltgiften belastet, verstopft und geschädigt sind, brauchen Sie nicht damit zu rechnen, daß die Trainingseinheiten dieses Antifaltenkurses die optimalen Ergebnisse erzielen. Mit weniger sollten Sie sich aber nicht zufrieden geben, denn die Antifaltenkur ist nicht nur eine Frage der äußeren Schönheit. Die Übungen wirken sich stets und ausnahmslos wohltuend auf die Seele, die Psyche aus. Was jeder also braucht, ist eine Entgiftung, die sowohl innen wie außen hilft.

Entgiftung von außen *Vitamine gegen Freie Radikale*

Entgiftung von innen *Eine alte Methode schafft Abhilfe*

Entgiftungskur *Schönheit geht durch den Magen*

ANWENDUNG

ENTGIFTUNG VON AUSSEN

Eine Hautentgiftung von außen läßt sich relativ leicht bewerkstelligen. Sie benötigen dazu lediglich eine Entgiftungslotion. Eine Creme wäre nicht so gut, schließlich müssen Sie ja den ganzen Körper behandeln und nicht etwa nur die Gesichtszone.

REZEPTUR FÜR DIE ENTGIFTUNGSLOTION

Erhitzen Sie 45 g Tegomulus mit 270 g Sonnenblumenöl auf 68 Grad. Rühren Sie in diese Masse 900 g Rosenwasser, welches ebenfalls 68 Grad Temperatur haben muß. Lassen Sie die so entstandene Milch auf 38 Grad abkühlen und geben dann hinzu: 2 g Vitamin A, 2 g Vitamin E, 2 g Vitamin C, 0,2 g Selen und 10 g Bierhefe in Pulverform.

Wer sich etwas mit der Vitaminlehre auskennt, dem ist natürlich klar, warum die Lotion Ihre Haut so gut entgiftet: Sie haben sich praktisch in konzentrierter Form einen »Freie-Radikale-Fänger« geschaffen, der die Umweltschadstoffe bindet und durch die Abgabe der Bierhefe den Hauttugor abklärt.

Die Eigenherstellungskosten dieser Lotion fallen kaum ins Gewicht. Der Kauf einer fertigen Detoxine-Creme kommt teurer.

Die äußere Entgiftung stellt also, wie gerade bewiesen, nicht das geringste Problem dar. Sie können die Entgiftungslotion für den Körper einsetzen, sooft Sie wollen. Schaden kann sie niemals, nutzen wird sie immer. Leben Sie in Großstädten oder Industriezonen, benötigen Sie die Lotion öfters als in ländlichen Gegenden. Am besten ist es, Sie informieren sich über den Grad der Umweltverseuchung in Ihrem Lebensraum.

ÜBUNG

DIE MECHANISCHE, INNERE ENTGIFTUNG

Die innere Entgiftung ist weitaus schwieriger als die äußere. Zwei Möglichkeiten, die eigentlich gleichzeitig beschritten werden sollten, zeigt Ihnen unser Kurs auf.

DIE ÜBUNG

1. Legen Sie sich entspannt flach auf einen nicht zu weichen Untergrund, die Beine parallel nebeneinander. Der linke Arm ruht seitlich ohne Anspannung neben dem Körper.
2. Ertasten Sie mit Ihrer rechten Hand den äußeren Rand des rechten Rippenbogens und legen Sie hier Ihre Hand auf.
3. Führen Sie Ihre rechte Hand mit leichtem Druck entlang des Rippenbogens bis hin zur Brustmitte. Reiben Sie aufwärts bis hin zum Brustbein.
4. Reiben Sie die Hand jetzt am linken Rippenbogenrand abwärts in Richtung linke Hüfte.

Eine Trainingseinheit entspricht den Punkten 2 und 3; 40-mal wiederholen, dann Seitenwechsel.
Optimal ist es, wenn Sie die Übung während Ihrer Entgiftungskur täglich anwenden.

Ihr Körper wird durch diese Übung deshalb so gut entgiftet, weil der Druck Ihrer Hand den Energiestrom und die Durchblutung der nahe an der Hautoberfläche liegenden Leber aktiviert. Die Leber ist das Entgiftungsorgan Ihres Körpers. Sie filtert Gifte förmlich aus der Blutbahn.

ARASCHID –
EINE JAHRTAUSENDE ALTE ENTGIFTUNGSMETHODE

Über eine weitere Entgiftungsmethode, die als sensationell bezeichnet werden kann, berichten seit einiger Zeit bedeutende Onkologen und Bakteriologen, allen voran der bekannte Medizinforscher Dr. med. F. Karach. Ihr Name lautet Araschid. Sie ist Tausende von Jahren alt und in Rußland mit klinischen Tests einwandfrei wissenschaftlich belegt.

Allerdings kommt sie nicht aus Rußland, sondern ist Bestandteil der Urmedizin in der gesamten Welt und wird beispielsweise in der Karibik von Schamanen angewendet. Hier hat man auch eine besonders wirkungsvolle Ölmischung aus Cucurbitin kreiert – das sogenannte Atoxin. Das ist ein kaltgepreßtes Öl aus Kürbiskernen wildwachsender Früchte sowie Kernen einer besonderen Form der Zwergsonnenblume.

Der renommierte Professor Dr. Schostyzenkow, Universität Moskau, sagt zur Entgiftung und Heilung durch Atoxin:

»Man nimmt maximal 1 Eßlöffel, minimal 1 Teelöffel des Öls. Das Öl wird langsam in den Mund gesaugt, hin- und hergespült und immer wieder durch die Zähne gesogen, etwa 15-20 Minuten lang. Das Öl darf auf keinen Fall hinuntergeschluckt werden.«

Die Aufnahme von Körpergiften im Öl ist deutlich erkennbar: Zuerst ist das Öl sehr dickflüssig, dann wird es immer dünner. Im Idealfall nimmt die ausgespuckte Flüssigkeit eine weißlich durchsetze Färbung an.

Nach dem Ausspucken muß die Mundhöhle mehrmals gründlich mit Wasser gespült und die Zähne mit der Zahnbürste gereinigt werden. Säubern Sie auch das Waschbecken gründlich.

Falls Sie an der Wirkung zweifeln, genügt ein Blick durch ein normales Schülermikroskop. Bei einer nur 600facher Vergrößerung sehen Sie in einem Tropfen der ausgespuckten Flüssigkeit soviele hin- und herhuschende Mikroben, die auch den größten Skeptiker von der Wirkung des Atoxin überzeugen werden.

Sie beruht auf der Aktivierung des Stoffwechsels. Am besten wird die Spülung frühmorgens vor dem Frühstück vorgenommen. Um den Entgiftungsprozeß zu beschleunigen, kann dieser Vorgang dreimal täglich vor dem Essen und mit leerem Magen wiederholt werden.

Zudem ergeben sich nach etwa zwei Wochen einige sehr erfreuliche Nebenwirkungen: Lockere Zähne werden wieder fest, Zahnfleischbluten reduziert sich, allgemein werden die Zähne wieder weißer. Selbst chronische Schlafbeschwerden verschwinden. Insbesondere entzündliche Gelenkerkrankungen mit den verbundenen Schmerzen werden schnell gelindert.

Bei sehr akuten, chronischen Krankheiten kann es ein oder zwei Tage lang zu Müdigkeitserscheinungen kommen, die dann aber wieder verfliegen. Nach der Überzeugung der russischen Wissenschaftler ist dies aber die Periode, in der die Heilwirkung einsetzt.

Diese Methode hat jedoch einen Nachteil: Sie strapaziert die Geschmacksnerven. Man muß daher die Mundspülungen langsam steigern, bis man etwa nach einer Woche Übung die richtige Zeit erarbeitet hat.

BAUEN SIE SICH AUF MIT WEIZENGRASPULVER

Sobald man aber dem Körper etwas entzieht, in diesem Fall also Gifte, sollte ihm wieder etwas Gutes zugefügt werden. Am besten Aufbaustoffe, die er immer benötigt.

Auf dem hartumkämpften Markt der Multivitamintabletten und Kapseln in Europa gibt es zur Zeit eine neue Aktion, von der jeder profitieren kann: Weizengraspulver ist der neue Hit in Reformhäusern, Bioläden und Apotheken.

100 Gramm Weizengraspulver haben den Nährwert von zwei Kilo frischem Gemüse. Es enthält 30 mal mehr das Vitamin B als Milch, 60 mal mehr Vitamin C als Orangen, 50 mal mehr Vitamin E als Spinat oder Salat, dazu Chlorophyll zur Blutbildung und Sauerstoffaufnahme sowie Mineralien und Spurenelemente.

Es ist in Pulverform erhältlich. Die Menge, die in einem Glas Wasser aufgelöst werden soll, beträgt jeweils 1 g.

Ohne Zweifel, Weizengraspulver ist sehr wertvoll für ihre Gesundheit, aber auch der Preis läßt darauf schließen. In den Reformläden und anderen Verkaufsstätten sind 200 g Weizengraspulver im Durchschnitt für rund 100 Mark erhältlich. Als (kosten)bewußter Verbraucher können Sie Weizengras durch eigene Aussaat auf dem Balkonblumenbeet züchten, trocknen und mit einer Moccamühle zu einem feinen Pulver zu mahlen.

ZELLERNEUERUNG DURCH TIEFSCHLAF

Immer wieder hört und liest man von tollen, aber auch teuren Mitteln, die benötigt werden, um eine Zellerneuerung zu erhalten. Von einem Zellerneuerungsmittel, das nichts kostet, redet leider niemand. Dies ist der Tiefschlaf. Nur in diesem bildet der menschliche Körper neue Zellen.

Danach läßt sich auch der Alterungsprozeß definieren. Wissenschaftlich bewiesen ist, daß man als Baby den längsten Tiefschlaf hat, die anderen Schlafstadien nur geringen Anteil an der Ruhe haben.

Mit zunehmenden Alter wächst der Anteil der halbtiefen und flachen Schlafphasen, die Tiefschlafzeit, die Zeit der Zellbildung nimmt enorm ab.

Um also kostenlos an die Zellerneuerung zu kommen, muß nur ein Weg gefunden werden, den Tiefschlaf eines Menschen trotz fortgeschrittenen Alters entsprechend zu verlängern. Dies ist mit Meditationsmusik möglich. In der Karibik verwendet man dafür eine aus Naturgeräuschen bestehende Meditationskassette.

ENTGIFTUNGSKUR AUS DER KARIBIK

Die Entgiftung durch die Ölmischung, die Nahrungsergänzungskur durch das Weizengraspulver und die Zellerneuerung durch Verlängerung der Tiefschlafphase – all dies kombiniert man in der Karibik mit einem Ernährungsfahrplan.

Es empfiehlt sich, sich alle sechs Monate einer Entgiftungskur zu unterziehen.

1. TAG

Nach dem seifenfreiem Waschen den Mund mit Atoxin spülen; am ersten Tag etwa fünf Minuten lang. Anschließend lassen Sie sich 1/2 g Gelee Royale auf der Zunge zergehen (schmeckt wegen der frischen Aminosäuren etwas säuerlich).

Dann nehmen Sie 1 g Weizengraspulver mit 1 Glas Wasser zu sich. Wenn möglich, warten Sie nach der Tablette noch etwa 20 Minuten mit dem Frühstück.

Frühstück

Kaffee oder Tee (mit Melasse oder Honig süßen, nicht mit Zucker oder Süßstoff), 1 Scheibe Ananas (ideal wäre eine frische), 1 Scheibe Vollkornbrot mit Butter (gestr. Eßlöffel), 1 Scheibe Geflügelaufschnitt, 1 Becher Lactobacillus acidophilus Joghurt (immer nur diesen Joghurt essen).

Zwischenmahlzeit vormittags

1 g Weizengraspulver mit 1 Glas Wasser; nach 20 Minuten beliebig viele Äpfel.

Mittagessen

20 Minuten vor dem Mittagessen fünf Minuten mit Atoxin spülen; dann 1/2 g Gelee Royale sowie 1 g Weizengraspulver mit 1 Glas Wasser (siehe oben). 1 kleines Glas Gemüsesaft (idealerweise frisch aus Karotten und Weißkohl gepreßt); 1 gegrilltes Hähnchen (am besten fertig kaufen; werfen Sie die Haut weg, nicht essen!); dazu Reisrisotto: 2 Eßlöffel ungeschälten Reis auf 1/8 Liter Wasser, 1 halbe Schote Paprika, 1 kl. Dose Champignonscheiben, 150 g gehackte Zwiebel, 2 Eßlöffel pürierte Petersilie.

Nachspeise: 2 Kiwi-Früchte, 1 Becher Lactobacillus acidophilus Joghurt.

Nachmittags

1 g Weizengraspulver mit 1 Glas Wasser; nach 20 Minuten: 1 Scheibe Vollkornbrot, mit Tomaten und Butter belegen; Kaffee, wenn gewünscht.

Abendessen

20 Minuten vor dem Abendessen: 5 Minuten mit Atoxin spülen; dann 1/2 Gelee
Royale sowie 1 g Weizengraspulver mit 1 Glas Wasser (siehe oben);
125 g Putenbrust in Scheiben, 2 Scheiben Kommißbrot (Vollkornbrot), 1 gestr.
Teelöffel Butter, 2 geriebene Möhren; Kaffee oder Tee nach Belieben, wenn
mit Melasse oder Honig gesüßt, 1 Becher Lactobacillus acidophilus Joghurt;
1/2 g Gelee Royale auf der Zunge zergehen lassen.
Meditationskassette: 23 Minuten lang nur die Stellen hören, die Ihnen gefallen.

2. TAG

Siehe 1. Tag; das Spülen mit Atoxin auf 6 min verlängern;

Frühstück

1 Banane in Scheiben geschnitten mit dem Mus einer Kiwi vermischen, 1 Scheibe
Vollkornbrot mit Lachsschinken, Kaffee oder Tee (mit Melasse oder Honig
süßen), 1 Becher Joghurt.

Zwischenmahlzeit

1 g Weizengraspulver mit 1 Glas Wasser; nach 20 Min.: 2 Scheiben Ananas.

Mittagessen

20 Min. vor dem Mittagessen: 6 Min. mit Atoxin spülen; dann: siehe 1. Tag;
1 Glas Tomatensaft, 1 Rumpsteak (gegrillt, etwa 150g) mit 150 g in Olivenöl
gedünsteten Zwiebelscheiben, 200 g Blumenkohl, 1-2 Pellkartoffeln.
Nachspeise: 2 Kiwi-Früchte, 1 Becher Joghurt.
Wenn möglich, in der Mittagspause 23 Min. Meditationsmusik anhören, davon
1 Min. mit Stellen, die Ihnen unsympathisch sind.

Nachmittags

1 g Weizengraspulver mit 1 Glas Wasser, nach 20 Min.: 1 Scheibe Vollkornbrot
mit Roastbeef und Butter belegen; Kaffee, wenn gewünscht.

Abendessen

20 Min. vor dem Abendessen: 6 Min. mit Atoxin spülen; dann: siehe 1. Tag;
Eiersalat: 2 hartgekochte Eier, 2 Eßlöffel Salatmayonaise (30%), 1/2 Kopfsalat,
1 mittelgroße Tomate, 1/2 Salatgurke, gehackte Kräuter, Pfeffer, etwas Senf.
1-2 Scheiben Kommißbrot, 1 gestr. Eßlöffel Butter, Kaffee oder Tee, 1 Becher
Joghurt; 1/2 g Gelee Royale;
23 Min. Meditationsmusik, nur die Stellen hören, die Ihnen gefallen.

3. TAG

Siehe 1. Tag; das Spülen mit Atoxin auf 7 Min. verlängern;

Frühstück

1 Scheibe Ananas, beliebige Menge Cornflakes – nicht mit Milch, sondern mit
Traubensaft einweichen;
In der Entgiftungsphase wird auf Milchprodukte verzichtet. Einerseits, weil
Lactose Allergien auslösen kann, andererseits wegen der doch recht zweifelhaf-
ten Qualität von Warenhausmilcherzeugnissen für die Gesundheit.
Kaffee oder Tee, 1 Becher Joghurt.

Zwischenmahlzeit

1 g Weizengraspulver mit 1 Glas Wasser; nach 20 Min: 100 g Dörrpflaumen oder
Feigen.

Mittagessen

20 Min. vor dem Mittagessen: 7 Min. mit Atoxin spülen; dann: siehe 1. Tag;
1 gedünstete Forelle, (250-300 g), 2 Pellkartoffel, 1 Eßlöffel Butter zerlassen.
Nachspeise: 1 Banane, 1 Becher Joghurt.
Wenn möglich, 23 Min. Meditationsmusik anhören, davon 2 Min. mit Stellen, die
Ihnen unsymphatisch sind.

Nachmittags

1 g Weizengraspulver mit 1 Glas Wasser; nach 20 min: 1 Scheibe Vollkornbrot,
mit Rinderzunge und Butter belegen; Kaffee, wenn gewünscht.

Abendessen

20 Min. vor dem Abendessen: 7 Min. mit Atoxin spülen, dann: siehe 1. Tag;
Salat Nicoise: 1 mittelgroße Tomate, 1 Zwiebel, 1 Paprikaschote, 1 Knoblauch-

zehe, ölfreies Salatdressing, Zitronensaft, Salz, Pfeffer, 1 Dose Thunfisch. (Dose muß 30 Min. vorher geöffnet werden, das Öl muß durch ein Sieb vom Thunfischfleisch abtropfen. Tupfen Sie den Fisch, bevor Sie ihn unter den Salat mengen, mit Küchenpapier restlos trocken); Kaffee oder Tee nach Belieben, 1 Becher Joghurt; 1/2 g Gelee Royale.

23 Min. Meditationsmusik; nur die Stellen hören, die Ihnen gefallen.

4. TAG

Siehe 1. Tag; das Spülen mit Atoxin auf 8 Min. verlängern.

Frühstück

1 Papaya oder Mangofrucht, 1 Ei hart kochen, in dünne Scheiben schneiden und 1 Scheibe mit Butter bestrichenes Kommißbrot damit belegen. Kaffee oder Tee, 1 Becher Joghurt.

Zwischenmahlzeit

1 g Weizengraspulver mit 1 Glas Wasser; nach 20 Min. 2 Scheiben Ananas.

Mittagessen

20 Min. vor dem Mittagessen: 8 Min. mit Atoxin spülen, dann: siehe 1. Tag; 2 kleine, magere Lammkotelettes (Fett abschneiden) mit Kräutern gegrillt, 200 g feine Brechbohnen mit Bohnenkraut erhitzen, 1 Apfel mit den Bohnen dünsten, 2 Pellkartoffeln; 1 Becher Joghurt;

Wenn möglich, 23 Min. Meditationsmusik anhören, davon 4 Min. mit Stellen, die Ihnen unsympathisch sind.

Nachmittags

1 g Weizengraspulver mit 1 Glas Wasser; nach 20 min: 1 Scheibe Vollkornbrot, mit Cornedbeef und Butter belegen; Kaffee, wenn gewünscht.

Abendessen

20 Min. vor dem Abendessen: 8 Min. Atoxin; dann: siehe 1. Tag; 1 Spiegelei in Butter anbraten oder 1 Kochei hart, dazu 150 g Tiefkühlspinat (keinen Rahmspinat!) mit Salz, Pfeffer und Majoran würzen, 2-3 Pellkartoffeln; Kaffee oder Tee nach Belieben, 1 Becher Joghurt; 1/2 g Gelee Royale; 23 Min. Meditationsmusik, nur die Stellen hören, die Ihnen gefallen.

5. TAG

Siehe 1. Tag; jetzt 9 Min. Atoxin.

Frühstück

1 Möhre frisch gerieben, 1 Eßlöffel Butter für 1–2 Scheiben Kommißbrot, 1–2 Scheiben Roastbeef; Kaffee oder Tee, 1 Becher Joghurt.

Zwischenmahlzeit

1 g Weizengraspulver mit 1 Glas Wasser; nach 20 Min: 1 Banane.

Mittagessen

20 Min. vor dem Mittagessen: 9 Min. mit Atoxin spülen; dann: siehe 1. Tag; 200 g Rindfleisch vom Bug oder Tafelspitz in Brühwürfel kochen und in dünne Scheiben schneiden; rund 15 Min. lang zwei sehr sauber gewaschene Pellkartoffel mit in der Brühe garen. Danach: 1 Becher Joghurt.

Wenn möglich, 23 Min. Meditationsmusik anhören, davon 6 Min. mit Stellen, die Ihnen unsympathisch sind.

Nachmittags

1 g Weizengraspulver mit 1 Glas Wasser; nach 20 Min: 1 Scheibe Vollkornbrot, mit 1 Scheibe Geflügelaufschnitt und Butter belegen; Kaffee, wenn gewünscht.

Abendessen

20 Min. vor dem Abendessen: 9 Min. mit Atoxin spülen; dann: siehe 1. Tag; 2 kleine Seezungen (keine Schollen und auch keine große Seezunge wegen des Fetts), kurz grillen, etwas dünsten und mit dem Saft einer Zitrone abschmecken; 2 Pellkartoffeln dazu. Kaffee oder Tee nach Belieben, 1 Becher Joghurt; 1/2 g Gelee Royale.

23 Min. Meditationsmusik, nur die Stellen hören, die Ihnen gefallen.

6. TAG

Siehe 1. Tag; das Spülen mit Atoxin auf 10 Min. verlängern.

Frühstück

1 Glas Tomatensaft, 1–2 Scheiben Kommißbrot, 1 Eßlöffel Butter, 2 dünne Rinderbratenscheiben; Kaffee oder Tee, 1 Becher Joghurt.

Zwischenmahlzeit

1 g Weizengraspulver mit 1 Glas Wasser; nach 20 Min: 2 Äpfel.

Mittagessen

20 Min. vor dem Mittagessen: 10 Min. mit Atoxin spülen; dann: siehe 1. Tag; 1 Rindsroulade (ohne Speckfüllung, legen Sie mehr Gurken hinein), 2 Pellkartoffeln.

Nachspeise: 2 Kiwis, danach: 1 Becher Joghurt.

Wenn möglich, 23 Min. Meditationsmusik anhören, davon 9 Min. mit Stellen, die Ihnen unsympathisch sind.

Nachmittags

1 g Weizengraspulver mit 1 Glas Wasser; nach 20 Min: 1 Scheibe Vollkornbrot, mit Putenaufschnitt und Butter belegen; Kaffee, wenn gewünscht.

Abendessen

20 Min. vor dem Abendessen: 10 Min. mit Atoxin spülen; dann: siehe 1. Tag; Hühnerfrikassee auf Reis: Entfernen Sie nach dem Kochen die gesamte Haut. Bevor Sie aus der Brühe eine Soße machen, bringen Sie diese im Kühlschrank zum Erkalten und schöpfen das Fett ab. Dem Ragout muß mindestens der Saft einer halben Zitrone zugeführt werden. Kaffee oder Tee nach Belieben, 1 Becher Joghurt; 1/2 g Gelee Royale;

23 Min. Meditationsmusik, nur die Stellen hören, die Ihnen gefallen.

KEINE MOGEL-PACKUNG: SO STELLEN SIE IHRE ANTIFALTEN-KOSMETIK SELBST HER

Es bereitet nicht nur Spaß, wenn Sie die einzelnen Naturkosmetikprodukte selbst herstellen, sondern Sie wissen dann auch genau, was Sie wirklich auf Ihre Haut lassen. Darüber hinaus sparen Sie sehr viel Geld.

Aloe Vera   *Ideal für faltenfreie Hände*

Hydroarosome   *Vielversprechende Ansatzpflege für die Haut*

Propolis   *Natur pur aus dem Bienenkorb*

ALOE VERA

Die groben Gesetze der Naturkosmetikherstellung lernten Sie ja bereits bei den einzelnen Übungen kennen. Nun erfahren Sie die sogenannten Feinheiten, die Kniffe, die Sie zum Könner stempeln.

Doch zuvor ein Preisvergleich: Dieser ist besonders für die Rezepturen gegen die Falten bei Händen, Knien und Ellbogen von größter Wichtigkeit wegen des Mengenverbrauchs. 50 ml einer durchschnittlichen Aloe-Vera Creme kostet in Deutschland rund 40 Mark. Der maximale Wirkstoffanteil an Aloe Vera beträgt fünf, meist nur drei Prozent. Sie zahlen also für 2,5 ml Aloe-Vera-Wirkstoff mindestens 40 Mark.

Würden Sie sich von einem Gartenversender eine Topfpflanze Aloe-Vera schicken lassen, so könnten Sie beim Filetieren der Blätter im Schnitt 500 ml Aloe-Vera gewinnen. Dafür müßten Sie in Cremeform stolze 8000 Mark bezahlen! Eine Aloe-Vera Pflanze vom Versender kostet rund 5 Mark.

Um Ihre Hände wirklich wieder faltenfrei zu bekommen, benötigen Sie so viel reines Aloe-Vera, daß es Ihnen wohl kaum möglich wäre, die Crememengen zu bezahlen. Ein Grund mehr darüber nachzudenken, Reinigungsmilch, Creme, Lotion etc. selbst herzustellen. Deshalb erfahren Sie jetzt noch einige Besonderheiten der karibischen Antifalten-Naturkosmetik, die Ihnen viel Geld sparen.

Übrigens, in der Karibik und in Mittelamerika sind das keine großen Geheimnisse, dort vererbt sich dieses Wissen über Generationen hinweg jeweils von der Mutter auf die Tochter. Zudem sind Maschinen oder irgendwelche technische Einrichtungen, um die Produkte herzustellen, völlig überflüssig.

Die Aloe Vera ist seit mehr als 6000 Jahren die beste Naturkosmetik, die es gibt.

DIE HYDROAROSOME

Für die Probleme, die man neben den Falten noch mit der Haut haben kann, gibt es die sogenannten Hydroarosome. Darunter versteht man sowohl in Wasser als auch in Öl lösliche Kombinationen von ätherischen Ölen, die beispielsweise Cellulite, Äderchen, Pickel, Schuppen etc. beseitigen.

Man unterscheidet sechs Hydroarosome: Circuladerm, Pigmaexoderm, Dermarepair, Eksaderm, Coupoderm, Clearaderm.

Gut 100 Mark kostet heutzutage ein 10-ml-Fläschchen Hydroarosome; falls Sie diese selbst herstellen, nur zwanzig Mark.

Denken Sie auch daran: Es ist völliger Unsinn, maßlos viele Kosmetikpräparate zu haben. Es genügen die Grundprodukte, die Sie bereits kennengelernt haben, völlig. Denn diese zeigen ihre Wirkung nicht nur bei Problemen mit der Haut, sondern auch bei anderen.

Mischen Sie die Hydroarosome dem täglich nötigen Ausgleichsöl sowie den Cremes bei, oder benutzen Sie es als Badezusatz.

HYDROAROSOME CIRCULADERM

Inhaltsstoffe

Jeweils 3 ml ätherisches Öl aus: Muskatnuß, Kümmel, Avocado, Lebertran, Karotten, Pollen, süße Mandeln, Braunalgen, Efeu; Coffein, 3 ml Lyosin, 3 ml Carnithin, 5 ml Avocadoöl, 1 ml Liposome, 2 ml pflanzlicher Bi-Emulgator.

Anwendungsziel

Durch seine erwärmende und durchblutungsfördernde Wirkung, verbunden mit den Liposomen, ist dieses Hydroarosom geeignet, die Haut nicht nur zu festigen und den Hauttugor durch die bessere Durchblutung zu verbessern, sondern auch tatsächlich die Fettverbrennung im cellulitischen Gewebe zu steigern.

Dosierung

5 ml der Hydroarosom-Mischung wird auf eine Crememenge von 50 ml eingerührt. Jeweils 3 ml der Hydroarosom-Mischung wird entweder in 15 ml Ausgleichsöl oder in ein Vollbad gegeben.

Anwendungsgebiet

Aufgetragen wird das Hydroarosom vornehmlich am Oberarm, den Schenkelinnenseiten und dem Gesäß.

Es eignet sich sehr gut für den Zusatz bei den Übungen für den Po.

HYDROAROSOME PIGMAEXODERM

Inhaltsstoffe

Jeweils 3 ml ätherisches Öl aus: Fenchel, Linde, Limone, Melisse, Olivenblättern; 1 ml Hamamelis, 1 ml Liposome, 1 ml Phanthenol, 1 TL Vitamin E und F, 1 ml pflanzlicher Bi-Emulgator

Anwendungsziel

Diese synergetische Wirkstoffkombination gegen unkontrollierte Melaninproduktion in der Haut unterscheidet sich von anderen herkömmlichen Produkten dadurch, daß es keine oxidative, also hautschädliche Wirkung hat. Vielmehr unterbindet sie die Melaninproduktion an sich und macht sie rückgängig.

Dosierung

1-2 Tropfen auf die befallenen Stellen einmassieren.
5 Tropfen auf ein Vollbad

Anwendungsgebiet

Das höchstwirksame Produkt kann nur dann erfolgreich benutzt werden, wenn nach dem Auftragen die befallene Stelle mit einem guten Sonnenschutzmittel überdeckt wird, da Sonnenstrahlen die Rückbildung von Melanine durch Hydroarosome verzögern. Zur unkontrollierten Melaninbildung kann es nur dann im Körper kommen, wenn entweder durch Alter oder Infektionskrankheit das Immunsystem des Körpers nicht mehr völlig intakt ist.

Erfahrene Naturheilärzte behandeln mit diesem Hydroarosom übrigens die sogenannte Weißfleckenkrankheit.

Melanine bilden sich nicht nur im Gesicht, am Hals oder an den Oberarmen, sie sind am ganzen Körper verteilt. Deshalb sollte dieses Hydroarosom auch dreimal in der Woche als Badezusatz verwendet werden (siehe Dosierung). Achten

Sie darauf, daß der Körper danach entweder völlig bekleidet, oder die sichtbaren Körperstellen durch das in diesem Kurs vorgestellte Sonnenschutzmittel abgedeckt sind.

HYDROAROSOME DERMAREPAIR

Inhaltsstoffe

Jeweils 3 ml ätherisches Öl aus: Kakteen, Pfefferminze, Rosmarin, Salbei, Koriander; dazu 1 ml Liposome, 2 ml Vitamin E, 2 ml pflanzlicher Bi-Emulgator

Anwendungsziel

Für eine beschleunigte Wundheilung, sobald die Verletzung erst einmal geschlossen ist; darüber hinaus für eine Minimierung von Narben und eine generelle Hautstraffung.

Anwendungsgebiet

Bevorzugte Einsatzgebiete sind: Augenfältchen, Hals, Busenansatz, Mundwinkel, Oberlippenfältchen.

Im Gegensatz zu den anderen Hydroarosomen wird Dermarepair in der Praxis keineswegs so häufig untergemischt; vielmehr trägt man es meist zusätzlich zu anderen, gleichzeitig erfolgenden Behandlungen auf die Problemstellen direkt auf. Der großflächige Einsatz dieses Hydroarosoms ist mit der Heilerdepackung möglich, die Sie bereits in diesem Kurs kennengelernt haben. Eine Untermischung in dem Spezialbad bringt wenig, steht in keinem Verhältnis zu den Kosten.

HYDROAROSOME EKSADERM

Inhaltsstoffe

Jeweils 3 ml ätherisches Öl aus: Wintergreen, Weidenrinde, Ringelblume, Nußbaum, Efeu, Arnika, Schafgarbe, Kamille, Propolis, Aloe Vera, Tea Tree; dazu Liposome, Vitamin E, pflanzlicher Bi-Emulgator

Anwendungsziel
Die schnelle Abheilung entzündlicher Hautunreinheiten

Dosierung
5 ml auf ein Vollbad

Anwendungsgebiet
Entzündliche Akne ist Wirkungsschwerpunkt dieses Hydroarosoms. Gleichzeitig beseitigt es juckende und schuppende, dermatologische Probleme.

Bei Neurodermitis hat es sich besonders bewährt, dieses Hydroarosom in die Heilerde einzuarbeiten, während des Auftragens und noch weitere fünfzehn Minuten die Haut partiell mit Rotlicht zu bestrahlen.

In vielen Fällen wird dieses Hydroarosom auch in ein Vollbad gerührt, um so Ödeme erfolgreich behandeln zu können.

HYDROAROSOME COUPODERM

Inhaltsstoffe
Jeweils 3 ml ätherisches Öl aus: Cajeput, Melisse, Kastanie, Zypresse, Pinie, Salbei, Karotte, süße Mandeln, Hirtentäschelkraut, Klettenkraut; 1 ml Liposome, 1 ml pflanzlicher Bi-Emulgator.

Anwendungsziel
Regulierung erweiterter Blutgefäße

Dosierung
5 ml für ein Vollbad, zweimal wöchentlich über einen Zeitraum von zirka einem Monat anwenden.

Anwendungsgebiet
Die stark adstringierende Wirkung auf die Kapilare regulieren die erweiterten Blutgefäße. Es ist eine Anwendung nicht nur bei Couperose im Gesicht (Nase etc.) zu empfehlen, sondern auch der Einsatz bei Besenreißern, Krampfadern und schweren Beinen.

Dieses Hydroarosom kann als sinnvolle und erfolgreiche Prophylaxe gegen Krampfadern, schwere Beine und Besenreißer angewandt werden. Dazu benutzen Sie es dreimal in der Woche als Badezusatz.

Eine Besonderheit: Dieses Hydroarosom ist auch in der Lage, sobald Sie die Antifaltenübungen des Körpers durchführen, Schwangerschaftsstreifen wieder zu beseitigen.

HYDROAROSOME CLEARADERM

Inhaltsstoffe

Jeweils 3 ml ätherisches Öl aus: echter Kamille, Bergbohnenkraut, Lavendel, Efeu, Orchideen-Blüten, süße Mandeln, Propolis, nat. Betain (Cocus); 1 ml Liposome, 1 ml pflanzlicher Bi-Emulgator.

Anwendungsziel

Mit dem Einsatz dieses Hydroarosoms wird augenblicklich die mikrologische Lymphtätigkeit der Hautzonen so angeregt, daß dies bereits nur fünf Minuten nach dem Auftragen deutlich sichtbar ist.

Anwendungsgebiet

Es wirkt auch bei der Entgiftung des Körpers, unterstützt die Übung, um die Lebertätigkeit zu steigern.

Dieses Hydroarosom hat eine oftmals beobachtete Nebenwirkung, über deren genauen physikalischen beziehungsweise biologischen Ablauf noch etwas Unklarheit herrscht:

Falls Sie eine trockene Haut haben, ändert sich diese nach etwa 20 Bädern zur Normalhaut. Bedingt durch das Efeu in diesem Produkt ist auch der Einsatz bei weicher Cellulite anzuraten.

WEITERE »STECKBRIEFE«

Abgesehen von den erwähnten ätherischen Ölen wurden in diesem Kurs drei weitere Substanzen erwähnt, die unerläßlich für die Herstellung Ihrer Antifalten-Naturkosmetik waren: Tegomulus, Lamecreme und Propolis.

Benutzen Sie niemals etwas für Ihre Gesundheit, was Sie nicht genau kennen: Ihr Aussehen ist Bestandteil Ihrer Gesundheit. Lernen Sie deshalb zum Abschluß die Produkte kennen, die Ihnen helfen, die ätherischen Öle für Ihre Schönheit, für Ihren erfolgreichen Kampf gegen die Falten zu nutzen.

TEGOMULUS

Tegomulus ist ein Lebensmittelemulgator, der aus der Stearinsäure gewonnen wird. Stearinsäure ist ein Bestandteil vieler pflanzlicher und tierischer Fette. Sie finden Tegomulus am häufigsten in Backwaren und im Speiseeis. Es ist also ein Emulgator, der so natürlich ist, daß man ihn sogar gefahrlos essen kann. Dies war für die Auswahl bei den Rezepten dieser Naturkosmetik entscheidend.

Eigenschaften

Tegomulus ist nicht nur selbst absolut allergiefrei, sondern er mindert auch noch die Allergiegefahr anderer Stoffe, falls diese welche haben sollten. Tegomulus schmilzt immer ab etwa 54 Grad, weshalb die Fettanteile der Produkte in diesem Kurs meist auf 68 Grad erhitzt werden. Dann kann man so gut wie alles Tegomulus unterrühren.

LAMECREME

Lamecreme ist eine glyceridähnliche Mischung aus Zitronenester und einer Reihe von Speisefetten. Auch bei der Lamecreme handelt es sich wieder um einen Lebensmittelemulgator, der nichts Künstliches an sich hat. Im kalten Zustand ist Lamecreme wachsartig. Dies ist der Grund, warum alle Cremes mit Lamecreme als Emulgator fester wirken als die mit Tegomulus.

PROPOLIS

Eine Naturcreme sollte schon aus Kostengründen über längere Zeit haltbar sein. Sie braucht deshalb einen Wirkstoff, der der Haut nützt, aber auch gleichzeitig eine Haltbarkeit erzeugt, die ungiftig und nicht krebserregend ist. Hier bewährt

*Bienen liefern durch
Honig, Pollen, Gelee Royal
und natürlich Propolis die
unverzichtbaren Grund-
stoffe für die Kosmetik*

sich ein Stoff aus dem Bienenkorb: Propolis. Bereits die alten Ägypter benutzten ihn, um die Mumien zu konservieren; darüber hinaus, weil der Kittharz der Bienen nicht nur ausgesprochen wohltuend, sondern in vielen Krankheitsfällen heilend für die Haut wirkt.

Bedingt durch die Umweltgifte ist europäischer Propolis in den meisten Fällen natürlich auch verschmutzt, für die Zwecke dieses Antifaltenkurses nicht geeignet. Die nachstehenden Ausführungen über Propolis beziehen sich deshalb nur auf Propolis aus der Karibik und Mittelamerika.

Eigenschaften

Die Propolis tötet Pilze ab, die parasitäre Krankheiten hervorrufen (Mykosen). Sie wirkt auch sehr stark anästhesierend (stärkere Wirkung als die des Kokains und viel stärker als die des Novocains), die mit den ätherischen flüchtigen Ölen, die sie enthält, zusammenhängen sollen. Propolis werden darüber hinaus äußerst wirksame entzündungswidrige Eigenschaften nachgesagt. Ebenso stimuliert und fördert Propolis die Geweberegeneration, was sich bei der Narbenrückbildung positiv bemerkbar macht. Verschiedene andere noch nicht ausreichend bekannte Eigenschaften sind noch im Untersuchungsstadium, könnten sich aber in pathologischer Hinsicht in einer nahen Zukunft als äußerst interessant erweisen; insbesondere antirheumatische Eigenschaften sowie Eigenschaften, die durch eine direkte Stimulierung den Immunmechanismus günstig beeinflussen und indirekt die körpereigene Abwehr stärken.

Weitere beachtenswerte Eigenschaften

Antioxydantierend; das heißt, gewisse Extrakte verlängern zum Beispiel die Konservierungsdauer von tiefgekühltem Fisch um das zwei- bis dreifache. – Dies ist nicht nur für die Lebensmittel- und Kosmetikindustrie interessant, sondern auch für die Medizin und Biologie.

Keimtötend: Diese Eigenschaft könnte sehr gut eines Tages in der Lebensmittelindustrie benutzt werden und vielleicht an Stelle der Gammastrahlen auf natürlichere Weise dem gleichen Zweck dienen.

Analytische Zusammensetzung:

Die Zusammensetzung der Propolis ist veränderlich und hängt von der von den Bienen besuchten Pflanzenquelle ab. Qualitativ enthält sie jedoch zahlreiche

Stoffe, die verhältnismäßig und beständig vorhanden sind, und diese Beständigkeit wurde bei einer großen Zahl von Proben mit Hilfe chromatographischer Analysen bestätigt. Im allgemeinen besteht die im Bienenstock angesammelte Propolis aus: 50 bis 55% Harz und Balsam, 25 bis 35% Wachs, 10% ätherische Öle, 5% Pollen, 5% organische Stoffe und Mineralstoffe verschiedener Art.

Der Ertrag einer Propolisernte ist äußerst gering: ca. 20 Gramm pro Bienenvolk und Saison, in der Karibik ca. 100 Gramm.

Reine Propolis enthält keine Fettstoffe, Eiweißsubstanzen, hormonalen Wirkstoffe und keine Vitamine mit Ausnahme von Vitamin B3 oder PP.

Dagegen ist sie reich an einer großen Zahl von Mineralstoffen und Spurenelementen, darunter: Aluminium, Barium, Kalzium, Chrom, Kobalt, Kupfer, Zinn, Eisen, Mangan, Nickel, Blei, Silizium, Strontium, Titan, Vanadium, Zink.

Alle diese Substanzen spielen im Bereich des Stoffwechsels der Zellen eine wesentliche Rolle.

Anwendungsgebiete

Von den vielen Möglichkeiten, Propolis einzusetzen, werden nur einige wenige genannt. Diese vermitteln jedoch schon einen Eindruck von der Vielseitigkeit der Substanz. Propolis erwies sich als positiv bei

- Kreislauferkrankungen
- Erkrankungen der Herzgefäße
- Beschwerden in den Atemwegen oder bei den Verdauungsorganen
- Bronchial- und Lungenleiden.

Einsatzgebiete finden sich auch

in der Zahnhygiene sowie bei Zahnfleisch- und Zungenentzündungen
- Infektionen und Entzündungen der Harnwege und Geschlechtsorgane in der Dermatologie bei
- Quetschungen; Schnittwunden, Verletzungen;
- Frostbeulen, Schrunden, Hühneraugen, Schwielen, Warzen
- Brandwunden oder Vernarbungen;

Berücksichtigt man all diese hervorragenden Eigenschaften, darf man Propolis berechtigterweise zu den bedeutensten Naturprodukten für die menschliche Gesundheit rechnen, die es gibt.

QUELLENVERZEICHNIS

Devi, Indra, Neues Leben durch Yoga, Zürich 1990

Karsten, Uwe, Zellschutz und Vitalität durch natürliches Vitamin E, Zürich 1985

Meintrup, Marc, Die Aromatherapie der Inka, Düsseldorf 1997

Müller, W., Weltbild und Kult der Kakiutl-Indianer, Berlin 1985

Napralert-Naturmedizinische Datenbank, Illinois, 1997

Spiriduso, W.W. , Physical Fitness: Aging and Speed, New York 1994

BEZUGSQUELLEN

Bei der Zusammensetzung der Rezepturen wurde darauf geachtet, daß sich die einzelnen Rohstoffe in den meisten Drogerien erwerben lassen, in denen es Grundprodukte für Naturkosmetik zum Selbermachen, beispielsweise die Spinnradläden, gibt.